萨特：顺乎本性，自在天堂

【大师开讲】

孙金燕 编著

全国百佳图书出版单位
时代出版传媒股份有限公司
黄山书社

图书在版编目（CIP）数据

大师开讲·萨特：顺乎本性，自在天堂 / 孙金燕编著. -- 合肥：黄山书社，2014.5
ISBN 978-7-5461-4441-2

Ⅰ. ①大… Ⅱ. ①孙… Ⅲ. ①萨特，J.P.（1905 ~ 1980）－语录 Ⅳ. ① K811

中国版本图书馆 CIP 数据核字（2014）第 078060 号

DASHI KAIJIAN · SATE SHUN HU BENXING ZI ZAI TIANTANG

大师开讲·萨特：顺乎本性，自在天堂 孙金燕 编著

出品人 任耕耘
选题策划 任耕耘 杨 雯
责任编辑 高 杨
特约编辑 李晓阳 赵迪秋
装帧设计 齐 娜
出版发行 时代出版传媒股份有限公司（http：//www.press-mart.com）
黄山书社（http：//www.hspress.cn）
地址邮编 安徽省合肥市蜀山区翡翠路 1118 号出版传媒广场 7 层 230071
印 刷 安徽国文彩印有限公司
版 次 2015 年 6 月第 1 版
印 次 2015 年 6 月第 1 次印刷
开 本 880mm × 1230mm 1/32
字 数 130 千
印 张 8
书 号 ISBN 978-7-5461-4441-2
定 价 28.00 元

服务热线 0551-63533706
销售热线 0551-63533761
官方直营书店（http://hsssbook.taobao.com）

目录

斜目而视的天才（代序）

巴黎，1914 年的一个寻常夜晚，一位右眼斜视的 9 岁孩子正入神地“用未来人的眼睛”，张望他 10 年后的人生：“在这 10 年之间，我从未离开过我的书桌，我矮矮的个头，也像我父亲那样留着小胡子，我爬在一大堆辞典上面，我的小胡子渐渐发白，我的手在不停地写着，本子一本接一本掉落在地板上。夜已深了，人类沉睡了，我的太太和我的孩子们也都睡着了，我的房东太太也进入了梦乡，睡意抹去了我的所有记忆，这是何等的孤独，20 亿人都躺下睡着了，只剩下我这个唯一的哨兵在他们上面，监视着……”（《词语》）

此后的 66 年中，这个曾经的孩子在他的人生中承担了各种各样的角色：教师、记者、杂志创刊人、主编、电影编剧等等。而更重要的是，这个 9 岁就立志通过写作来拯救人类的孩子，用一生践行了自己的理想，用锐利的笔锋和深刻的思想捍卫着人类的尊严、自由和良心，留下了包括小说《恶心》、专题论文《存在与虚无》、戏剧《死无葬身之地》等著作在内的大量作品。因此，他也被誉为人类“思想战线的守夜人”。这个曾经的小男孩儿，就是后来名动天下的法国存在主义大师：让·保尔·萨特（Jean-Paul Sartre，1905-1980）。

正如萨特所自诩的那样，这是一位天才。他看待世界的方式，从来与众不同。

在这位天才的一生中，他似乎从未掩饰过眼睛的缺陷，这在他所有的照片以及给终身伴侣波伏娃（Simone de Beauvoir，1908-1986）的书信中都能看出来。1916年，班里新来的同学保罗·尼赞与萨特结为好友。萨特称：“他跟我一样，也是斜白眼，不同的是，我朝外白，他朝里白，看起来更逗。”（《他人就是地狱：萨特自由选择论集》）早在三岁时，萨特的右眼就因为角膜翳而引起斜视，这或许正是他日后能以不同于常人的视角看待世界的最初原因。

萨特一辈子都保持着“双重阅读”的习惯：既读

“大人的书”，也不割舍“儿童的书”。即使在已成为举世瞩目的思想家的晚年，他仍然会一边阅读高深艰涩的哲学著作，一边着迷于《祸不单行》等侦探小说，它们同时提供给萨特抽象和具体、深奥和形象、推理和幻想等几种截然不同的思考方式。正是这种矛盾性，使萨特既能在抽象思维方面成为法国现代史上颇有成就的哲学家，又能在形象思维创作方面成为现代文学史上颇有影响力的小说家和剧作家。

更有意思的是，五六岁时即学会阅读的萨特，一直坚持认为书本中虚构的世界比生活中的现实世界要真实得多。萨特觉得，现实中的人们总是像戴着笑脸面具样地彬彬有礼，他们之间的关系持久不变，很少甚至从来不犯错误，即便有所冲突，也是那种千篇一律、微不足道的小冲突，实际上的问题是早已解决了的。“这里只有平淡而褪色的人生与空乏且虚伪的人性，苍白，缺乏人情味，使人大倒胃口。”而书本中的世界却充满了跌宕起伏，浪漫，诗意，难以捉摸并且有戏剧张力，那里有更为激情的“人性”——无论是恶或善，它都是真实的。他们独自闯荡在那个世界，与人相爱，与人冲突，生或死都充满了故事。多年以后，正是这种认知引导着他，坚持“以写作介入生活”的信念与实践，用自己的生活智慧启迪和影响更多的人。

除此之外，还有数不清的矛盾集中在他一个人身上。他追求平等，却也偶尔显得自负狂妄；他重视名誉，却又毅然拒绝诺贝尔奖；他热爱写作，却也上过战场；他当过老师，但也蹲过牢房……种种相互冲突的迹象都在告诉我们，萨特虽然超凡脱俗，但也并非完人：有值得我们仰视的长处，也有需要我们引以为戒的不足。或者正如萨特说的那样：“人，只是以一生讲述一个平常的故事。”

在这个不愿成为偶像的偶像的故事里，“书”和“写作”扮演了重要的角色。萨特说：“没有任何东西能比一本书对我更重要。”书就是萨特的“宗教”。在他一生所留下的令人炫目的作品中，有他的理想、他的血液、他的机智与风度、他的绝望与希望、他的冷静思索与热情行动。它们具有启示录似的价值，影响了一代又一代人的思想和行为，也必将带给我们深刻的思考和有益的启发。

本书从萨特的众多作品中，选取了和我们时下生活联系最为密切的慧言妙语。希望这些智慧之音，能带领我们领略萨特斜目而视的哲学智慧与人生风范，并以此回顾我们来时的路，镜照我们前进的方向。那么，何乐而不为呢？

第一章

青春的智慧

毕加索说："青春很可贵，可惜浪费在年轻人身上了。"年轻人往往身在福中不知福，无法体会青春的珍贵，不知道如何享受青春的美好。前苏联作家阿·巴巴耶娃甚至焦急地说："人应该刚生下来就是中年，然后再渐渐年轻起来，那样，他就明白青春的可贵了。"

青春的美好在于充满可能。一个人在年轻的时候，没有什么能把他打垮。失败了就从头开始，跌倒了就爬起来再来。也许有迷茫和担忧，但比起老年人一眼看到尽头的未来，充满未知的前方还是让人兴奋得颤抖。

青春的美好在于自由自在。年轻人无所牵挂，所以可以大胆地享受"奋不顾身的爱情"和"说走就走的旅行"，可以天马行空地规划未来的生活。但当人生步入中年，你稍有一点脱离轨道的想法，家庭、事业，甚至更多的因素就会跳出来阻拦。

我们也必须承认，很多刚刚步入社会的年轻人正在面对巨大的生活压力，免不了会羡慕中年人的事业有成、老年人的生活闲适。但要知道，所有事业有成的中年人和老年人也都年轻过，也经历过一无所有的不知所措和无所适从的迷茫困惑。如同德国作家赫尔曼·黑塞所言："人在年老时会比青春时代更满足，不过我并不想因此而咒骂我的青春时代，因为它仍像一首美妙的歌曲唱响在我所有的梦境中，并且现在听起来比当初的实际存在更纯、更真。"

所以，"面包会有的，牛奶会有的，一切都会有的"，而青春只有一次，终将一去不返。让我们共同聆听萨特关于青春和人生的智慧之言吧，珍惜青葱岁月，尽享人生美好！

幸福在哪里

我离开这片田野时它覆盖着冰雪，重逢时它满目葱绿，我甚至能嗅到绿意。我在生命中的任何时间，都不像现在这样感到季节的转换。这给我强烈的印象。人在任何年龄都能发现原始的真理。（《寄语海狸》）

孩童时代，我们总是能从身边发现各种各样的惊喜。但随着年龄的增长，我们开始越来越多地关注自己，而忽视了身边的美丽。用心观察生活吧！你会发现美丽就在身边，幸福就在简单的生活里。

青春是一种补偿

青春一方面是一种会消亡的、天生的长处，应当以玩世不恭的心态充分利用；另一方面又是一种精神上的品质，应当表现出受之无愧。不仅如此，青春还是一种补偿。（《不惑之年》）

年轻，从不否定单纯的梦想，也无需考虑谁最贫寒，因为不会有到不了的明天。我们要做的，是去爱，去恨，去浪费；去闯，去梦，去后悔；以不断的行走，缓解生命中所有躁动与不安的念头。

青春易逝

当年并不知道自己是青年人。明白这一点是后来的事。（《不惑之年》）

终有一天，我们会倚门而立，批判年轻人不着边际的荒唐幻想，叹息他们不懂得青春的可贵，却又恍惚间想起曾经的自己。成长，就是在年轻人身上看到自己曾经的影子。人生匆匆数十载，来不及细看，再回头已是许多年后的事。

没心没肺是青春的特权

青年人的恶作剧显示了某种真实性质。它只有其轻浮的外表，实际上这是对一种权利的肯定。他们的信念非常牢固，如宗教般虔诚，因此他们有权利表现得轻浮，可以对一切无关紧要的事情心血来潮，突发奇想地开个玩笑。（《一个企业主的童年》）

不求物质回报，只以开心为目的地去做一件事情，似乎是年轻人才有的特权。多年以后，我们再也无法找回那些曾经允许自己没心没肺的时光。

25 岁很重要

有些人生来就似乎有三十五岁，因为他们从不曾有过青春。但谁若真正年轻过，就会终生留下痕迹。这可以保持到二十五岁的样子。在这以后……就不堪入目了。（《不惑之年》）

歌德二十五岁时，写就《少年维特之烦恼》；大诗人 T.S. 艾略特二十五岁时，开始探索人生的转向；JK 罗琳二十五岁时，开始写《哈利波特》。二十五岁的时候，大多数人开始意识到青春的流逝，开始花时间思考当下的生活和未来的规划。所以，迷茫和焦虑扑面而来，让阅历不足的年轻人措手不及。但要记住，谁的青春不迷茫，开始思考就预示着美好的未来。

时间消逝的意义

我用我的全部身心珍惜每一个时刻。因为我知道每一个时刻都是唯一的，是不能被代替的，可是我也不会做出一个姿势来阻止它消逝……我对每一秒都感兴趣，我尽可能把它用尽；一切出现的东西我都紧紧抓住，我都永远使它们留存在我的心中。（《恶心》）

时间的流逝除了带来伤感，还能让所有的快乐成为美好的回忆，让所有的不快成为过眼云烟。生命的每一点向前都是充满意义的。

记忆如水纹

默默展开的回忆每天更新。……在我们的冥想状态中这既有趣又不正常，记起最琐碎的事件也像石头掉进水潭，激起一圈一圈的水纹，越来越弱，但是越来越大。（《寄语海狸》）

“人不能两次踏进同一条河流”，而人生一切美好经历的魅力也在于不可复制。还好我们还有回忆，忆起那时的事，就会记起那时的快乐。所以，趁着年轻，多去尝试，多去创造美好的回忆吧！

一面照见未来的镜子

没有过去，我便不能设想自己，或不如说，没有过去，我不可能思考有关我的任何东西。（《存在与虚无》）

唐太宗说："夫以铜为镜，可以正衣冠；以史为镜，可以知兴替；以人为镜，可以明得失。"（《旧唐书·魏征传》）不论是过去的自己还是他人，都是能够照见未来的镜子。

小心你的过去

过去成为一种凌驾于现实之上的现实：它轮廓分明、固定不变；现在则是无可名状、躲闪不定的，它很难与这个过去抗衡；现在满是窟窿，通过这些窟窿，过去的事物侵入现在，它们像法官或者像目光一样固定、不动、沉默。（《关于〈喧哗与骚动〉·福克纳小说中的时间》）

我能在哪里保存我的往昔呢？不能将它揣在口袋里，必须有房子来安置它。我只拥有自己的身体。一个孤零零的人，只拥有自己的身体，他是无法截住回忆的，回忆从他身上穿越过去。我不该埋怨，我追求的不正是自由吗？（《恶心》）

拥有温暖的回忆是一件幸福的事情，然而，仅仅沉浸在回忆里度过余生的人，注定不会拥有美好的未来。珍惜过去的同时，请不要停止对未来的探索。记住昨天，如果不是为了激励明天的进取，那就不如忘却。

往者不可谏，来者犹可追

昨天我干得不好，那是昨天的事；而今天我已经预感到明天我对自己严厉的评判。总之，不能挨得太近。我对自己的过去敬而远之。少年，中年，刚消逝的去年，已经一去不复返了，已属旧时代。新时代此时此刻宣告诞生，但决不固定下来，因为明年就要把它彻底埋葬。（《文字生涯》）

不必活在过去，耿耿于怀没有得到的，而忘了眼前的美好和未来的无限可能。因为过去的已经过去，我们能够改变的只有未来。

不要想得太远

人们攻读法律或参加哲学类教师资格会考，以为自己到四十岁时就会有一间公证人事务所，到六十岁时能领取一份教授退休金。真不知道这些人头脑里在想些什么。他们未来还有一万或一万五千个夜晚将在咖啡馆度过，将食用四千份摊鸡蛋，享受二千个寻欢作乐之夜！如果他们离开一个自己喜欢的处所，他们很可能寻思："咱们明年再来，或者十年后再来！"事实上，人们总不能遥遥隔着四十个春秋来调度自己的生活啊。（《自由之路》）

人生固然需要规划，但不要想得太远。因为计划赶不上变化，很多东西不会完全按照你的心意来，而很多人更不会等你那么久。

活在当下，想做就做，生活也许会更精彩。

青春当放纵

我看到了未来，它在那里，在街上，比现在稍稍更苍白。它为什么非要实现不可呢？那会给它增加什么呢？老妇人步履蹒跚地走远了，不一会儿又停下来，理理从头巾下遁出的一绺灰发。她走着，刚才她在这里，现在她在那里……我开始糊涂了，我是看见还是预见了她的姿势？我再分不清现在和将来，然而它在持续，它在逐渐实现。老妇人在僻静的街上走，摆动着脚上那双肥大的男鞋。这就是时间，赤裸裸的时间，它慢慢来到存在中，它让你等待，可是当它来到时，你感到恶心，因为你发现它早已在这里了。老妇人走近街的拐角，成了一小堆黑衣服。对，不错，这是新事，因为刚才她不在那里。但这种新事褪了色，凋谢了，永远不会使人惊讶。她要拐弯，她在拐弯——无止境的时间。（《恶心》）

从年轻到年老是一个逃不开的过程，需要我们慢慢战胜自己内心的软弱，承受衰老的骨头发出的摩擦脆响。彼时，唯有关于年轻岁月的放纵与追逐的记忆，才能温暖我们的衰老之躯。

幸福的秘诀

我希望得到的幸福来临时带给我的快乐，不及我因得不到它而感到的不快的百分之一。（《一九四〇年》）

当人们不缺面包的时候，难道会谈论面包吗？当我们觉察到它的存在时，它早已成为我们生活的必需了。（《文字生涯》）

人总是被欲望蒙蔽，忽略已得到的，而念念不忘未得到的。学会珍惜现在拥有的，坦然面对难以得到的，这才是生活幸福的秘诀。

珍惜今天和当下

现在，只有现在。囿于现在中的一些轻巧、结实的家具：一张桌子、一张床、一个玻璃衣橱，还有我自己。现在的真正本性暴露了出来：它是现在存在的东西，所有不在场的东西都不存在。往昔不存在，根本不存在，既不存在于物体，也不存在于我的思想中。当然，很久以来我就明白自己错过了往昔，但是，直到那时，我还以为往昔仅仅撤出了我所能及的范围，它仅仅是退休，是另一种生存方式，是一种度假和闲散状态。每一个事件，在完成任务以后，便乖乖地、自动地进入一个盒子，成为名誉事件，因为虚无是难以想象的。而现在我知道，事物完全是它显现的样子，在它后面……什么也没有。（《恶心》）

常有人对过去追悔莫及，对未来忐忑不安。其实，只要我们努力过好今天和当下，就不会有遗憾和茫然，因为我们知道自己已经做到最好了。

和自己聊聊天

我有这样的时刻：我真正是由于现在自身的缘故而体验到现在，而不仅仅是作为一个计划或活动、工作。我把这种情况放在比别的更重要的地位，它们是值得花时间的。例如，一个可爱的晨空，以及我在那个特别的夜晚得到的东西。这儿有一种完全满足的时刻——有着我正凝视的这个天空下面的东西。我是那个看着晨空的孤独的人。

美国小说家马尔兹说："能与自己娓娓而谈的人绝不会感到孤独。"试着呆坐在沙发上，躺在松软的床上，或静立在一个熟悉的空间里，和自己聊聊天，体会面对自己的快乐吧。

快乐不等人

英雄完成一项功绩又去完成另一项功绩，小学生做完一个听写又去做另一个听写，英雄也罢，小学生也罢，同样地重复自己的事，……但未来确是存在的，……无休无止地推迟享天福的历史性时刻是徒劳无益的，所谓前途，只不过是推迟了的今天而已。（《文字生涯》）

很多人都有这样的想法：完成了这个项目再去旅行，出完了这次差再陪家人……其实，工作是永远做不完的，目标也是终会实现的，但有趣的事和在乎的人却不会一直等你。

成长是缓慢的

人们看到结果，而不是过程。人们把理念看成一个成品，没有发觉它实际上是它自身的缓慢成熟过程，是一系列必然发生的、自行改正的错误，一系列自行补足并拓展的片面观点。（《纪德活着》）

成长是一个不断自我冲撞、自我修复的缓慢过程。在时间的长河中，一切终将弥合，终将顺理成章。青春时的冲动，会成为长大后平静生活的佐料。所以，席慕容说："长大了以后，你才会知道，在蓦然回首的刹那，没有怨恨的青春才会了无遗憾，如山冈上那轮静静的满月。"（《无怨的青春》）

不要过早结婚

不要过早结婚。不要把你挑不起的担子放在自己的肩上，因为到后来，它就会变得过分沉重了。一切都很沉重。不知道你们是否注意到：做年轻人不是容易的事。（《脏手》）

婚姻，是在彼此的选择和各自的需求中静候一生，是一个快乐而沉重的许诺。而青春，从来就是迷茫的代名词，一切都还不确定。年轻人应在拥有足够的安全感和信心的情况下，再去触碰婚姻。

年轻时容易迷失

每个人都在迷失或晕眩中经历自己最初的岁月，并把它们体验为一种深刻而孤独的实在：外在性的内在化在这里是一个不可还原的事实。（《辩证理性批判》）

梁启超说：“青年人如朝阳，如乳虎，如铁路，如泼兰地酒，如春前之草，如长江之初发源。”青年人有蓬勃之活力，却往往忘乎所以，甚至迷失。因此，年轻时需要培养一种专注精神。

不掩饰失误

当我们身陷一连串非理性的境况中，掩饰不等于就能将它们清除掉，而恰恰是对它们的一种不负责任的态度。（《一九三九年》）

掩饰是无力承担时的借口，它只能意味着逃避，直面才是解决之道。

失败，是慢慢学会的

（身体）在阳光下呈半透明状，生命力在血管的蓝色枝杈里迅速上升，下降，循环，他大概觉得自己清瘦、健康、轻巧，自我感觉之好，很难想象无痛的疾病已经开始侵蚀他，将使他年轻的身躯在西里西亚的土豆地里或在波美拉尼亚的高速公路上变得腰弯背曲，将使他年轻的身躯疲惫不堪，充满忧愁，迟钝滞重。失败，是慢慢学会的。（《自由之路》）

每个人的内心都有一处柔软之地，然而这个世界危机四伏，往往不经意间我们就被它一次又一次地击倒在地。

叙利亚诗人阿多尼斯说：“向我袭来的黑暗，让我更加闪亮。孤独，也是我向光明攀登的一道阶梯。”我们能做的，是慢慢学会失败，慢慢学会坚强。

失败并非美好事物的终结

时间水一般地从我们手中流逝，我们没来得及抓住，仔细看看，以求甚解。但未来却是崭新的。……自由的人不会相信一次失败就完蛋，激起世人生活愿望的美好事物没有终结。（《萨特谈“萨特戏剧”》）

失败教给我们的往往比成功要多得多。所以，失败并非美好事物的终结，而可能是光明未来的开端。

失败者也有享受的权利

这恬静生活的小小片段，他清楚地知道只是人家暂时借给他享用的，不一会儿他就必须交还，但他却悠然自得地充分利用：对于失败了的人，社会仍保留给他们许多微不足道的小小享受，唯须享用适度；甚至可以说，他正因为这些享受而保持了大部分一时的风雅。（《不惑之年》）

坦然面对失败比平静对待成功需要更为强大的意志力。

无须为错误悔恨

从记忆中抹掉过去的错误，不是靠讨好人的悔恨来获得世界对他们的宽恕，而是要全力以赴地、真心诚意地投入自由和劳动的未来。（《萨特谈“萨特戏剧”》）

《约翰·克利斯朵夫》中有言：“真正的光明绝不是永没有黑暗的时间，只是永不被黑暗所掩蔽罢了。真正的英雄绝不是永没有卑下的情操，只是永不为卑下的情操屈服罢了……所以，在你要战胜外来的敌人之前，首先要战胜你内在的敌人；你不必害怕沉沦堕落，只消你能不断的自拔与更新。”

让别人原谅自己的最好方法不是俯首乞怜，而是全力以赴地做更好的自己。

儿童时代影响人的一生

凡是人都有他的自然地位，这个自然地位的高度不是自尊和才华所能确定的，而是儿童时代确立的。（《文字生涯》）

个人在出生时就已找到他的预先勾勒出来的存在，他“看到阶级给他带来（他的）社会地位和以后的（他的）个人发展。”这里给予他的，是同这种生活联系在一起的一种工作、一种物质条件和一种生活水平，是一种基本的态度，以及对物质和精神的工具的一种确定的使用权，是一种被严格限制的可能性场域。（《辩证理性批判》）

鲁迅曾指出：“中国的孩子，只要生，不管他好不好，只要多，不管他才不才。生他的人，不负教他的责任。小的时候，不把他当人，大了以后也做不了人。”鲁迅还说：“穷人的孩子蓬头垢面地在街上转，阔人的孩子妖形妖势娇声娇气地在家里转。转得大了，都昏天黑地地在社会上转。”（《随感录二十五》）一年之计在于春，一日之计在于晨。人的一生中最为关键的黄金时代无疑是儿童时代。儿童时代接收到的各种人与事的信息，会直接影响其此后关于世界的认知。

家有一老，如有一宝

在生命的黄昏，他将宽容的关怀分给每个人。……他不再要求任何东西，这个岁数的人不再有欲望了。他只要求在他进来时人们稍稍压低声音；只要求当他经过时人们对他露出温柔而尊敬的微笑；只要求儿媳妇有时说："父亲可真了不起，比我们大家都年轻"；只要求当孙儿生气时，唯有自己能用手摸着他的头使他冷静下来，然后说："这些伤心事，只有祖父能安慰他"；只要求儿子每年就棘手的问题多次请教于他；最后，只要求自己感到安详、泰然、睿智。老先生的手仅仅碰着孩子的鬈发，仿佛是祝福。他会想到什么呢？想到他光荣的过去，正是这个过去使他有权谈论一切，而且在一切事情上有最后决定权。这是我以前没有想到的，因为经验不仅仅是对死亡的抵御，它也是权利，老年人的权利。（《恶心》）

俗话说"家有一老，如有一宝"。老年人要求的不多，却甘愿付出很多。他们内心大都装有一个深厚、广阔的世界，那里有年轻人仅凭聪明才智所触摸不到的深度和高度。以老年人的经验为镜，可以使我们迈向目标的步伐更加稳健有力。

眼界决定境界

从锁孔里看世界，生活在煎锅中。（《寄语海狸》）

杜甫诗云：“会当凌绝顶，一览众山小。”（唐·杜甫《望岳》）明代文人徐渭叹曰：“八百里山河知是何年图画，十万家灯火尽归此处楼台。”（吴山顶“江湖汇观亭”上楹联）

开阔的眼界，总能让人对事物拥有更全面的理解。

完美时刻是一种热望

完美时刻哪里也不在，既不在舞台下也不在舞台上，它不存在，但所有的人都在想它。（《恶心》）

“完美时刻”是个多么诱惑人的字眼，我们一辈子也不可能拥有一次，但所有人都无法停止对它的想象。

其实，人生最大的优点，就是从来不去想那些不属于我们的东西，但又从未放弃过追求它的信念。也唯有如此，我们的心才会永远地向善与向美。

心心相连的奇遇感

这种奇遇感肯定并非来自事件，这已得到证明。它多半是瞬间相连的方式。事实大概是这样：你突然感到时间在流逝，每个瞬间导致另一个瞬间，另一个瞬间又导致下一个瞬间，就这样继续下去；每个瞬间都消失，用不着挽留它，如此等等。于是人们把这种特性赋予在瞬间出现的事件，把属于形式的东西转移到内容上。总之，人们对著名的时间流逝谈得很多，却很少见到。人们看见一个女人，心想她会衰老，但是看不见她衰老，而另一些时候，人们似乎看见她衰老，并且感到与她一同衰老，这便是奇遇感。（《恶心》）

人生的奇遇感，在于能够瞬间心灵相通。圣经说，两人胜过一人，若两人同时工作，酬报丰厚；若一人跌倒了，另一人会扶起他的同伴。

一个人的人生太孤单，寻得并肩同行者才能让人生充满温暖。

爱情中没有阴影

当我们相爱时，我们不让最短的瞬间、最轻的不快脱离我们而留在后面。声音、气味、日光的细微变化，还有我们相互并未道出的思想，这一切都被我们带走，这一切都是鲜活的。我们不停地、身临其境地为它们高兴，为它们痛苦。不是回忆，是强烈炽热的爱，没有阴影，没有时间距离，没有庇护所。（《恶心》）

张爱玲说："人生最大的幸福，是发现自己爱的人正好也爱着自己。"莎士比亚说："真实爱情的途径并不平坦。"相爱的人既可以享受甜蜜，也必须要面对生活的阴霾。但因为有爱，阳光灿烂的日子终会到来。

把心放在对的位置

病愈是一种幸福，你找回自己的位置，然后你享有一些单纯的快乐。（《寄语海狸》）

佛家有语：“善人行善，从乐入乐，从明入明。恶人行恶，从苦入苦，从冥入冥。”（《无量寿经》）将心放错了位置，就如同生了重病，往往会魂不守舍；唯有把心放在对的位置，才能拥有单纯的快乐。

别对自己太好

有人自欺欺人地想，“也许一言以蔽之，我一文不值”，或者“也许我一辈子都是倒霉蛋”。以想象黯淡的一生来享受堕落而迷人的愉悦，内心却相信满不是这么回事。人们太顾影自怜了，不能作认真的努力，例如不能用功。沮丧总是与萎靡相伴而行。所以不得不为自己做些演戏的举动：意志消沉地对自己的身体听之任之；听任手中的东西重重落地，装作无所谓。（《寄语海狸》）

英国诗人雪莱曾说：“如果你过分珍爱自己的羽毛，不使它受一点损伤，那么你将失去两只翅膀，永远不再能够凌空飞翔。”

吃苦的讲究

在苦难之中最令人烦恼的是：它像一具幻影，你把时间全用于追寻它，总以为快追到了，准备投身进去，咬紧牙关，受苦受个够，哪知就在投入之际，这苦难却逃之夭夭，你得到的不过是支离破碎的言词，以及满脑子的奇怪推理。（《不惑之年》）

唐代鸟窠大师有偈，云：“来时无迹去无踪，去与来时事一同。何须更问浮生事，只此浮生是梦中。”浮生是梦，生死一同，既然此生不可放下，又何必非要“以苦为乐”呢？苦难来了就坦然承受，苦难去了就尽享生活。

烦恼如藻

就像善于对付藻类的游泳者，任其自然而然地顺水漂浮。若游泳者双脚乱踢，谁都知道，就会被水藻紧紧缠住。这东西正是烦恼：这种冲动是身不由己的双脚乱踢，于是一种触摸不着却又确切无疑的缠绕便轻轻地慢慢地把你拖到水底。（《寄语海狸》）

美国幽默作家威尔·罗杰斯说：“烦恼如同摇椅，它似乎一直在忙碌，却哪儿也去不了。”烦恼不会让生活有丝毫的改善，与其纠缠其中，不如听之任之，静等时间来解决一切。烦恼来时，不为烦恼所困的心境，才是灵明自性的本质。

不被物质绑架

当您想要一个戒指或某种首饰，您就服从了制造人和销售商的想法，就受到两个俗物的剥削。您之所以对首饰没有倒胃口，是因为您自己真的想要，于是必须千方百计地去获取。最使人对社会提供的种种愉悦倒胃口的事情是，不管世人如何沉沦，不管世人有何坏毛病，总有人为金钱而顺应之，总之是出卖。“生意经”比比皆是。所以必须避免因赶时髦和无所事事而陷入误区，仅仅由于以为这叫潇洒。（《寄语海狸》）

地产和房产给年轻的继承人照出他自己稳定的形象。他走在他的砾石路上，触到他的阳台的菱形窗玻璃，仿佛实实在在地接触到他自己，他把财产的稳定不动变成他灵魂的长存不朽。（《文字生涯》）

并非只有圣人才能超越物质的诱惑，平凡人同样可以因为欲望少一点，而活得相对清爽一些。

不听命于权势

权！这是像三角和圆那样的东西。它们是那样完美，因此实际上并不存在。人们徒劳地用圆规画出了成千上万个圆，但是仍然画不出一个圆周。一代又一代的人谨小慎微地听从某人的命令，然而他们却不能使某人的这种指挥权枯竭。权在存在之外，如同数学对象或宗教信条。（《一个企业主的童年》）

一样东西，比如权势，如果你太想要，就会把它看得很大，甚至大到成了整个世界，占据了你的全部心思。能给出的劝告是，最后无论你是否如愿以偿，都要及时从中跳出来，看清它在整个世界中的真实位置，亦即它在无限时空中的微不足道。只有这样，你得到了才不会忘乎所以，失去了也不会痛不欲生。

“慧中”才能“秀外”

美貌、权势、才华，加在一起构成一个幻影，如同一个海市蜃楼。……每一个都认为另外两个是真实的存在，喜剧就这么出来了。（《凯恩》）

南朝梁代文学家刘勰在著作《文心雕龙》中说：“虎豹无文，则鞹同犬羊；犀兕有皮，而色资丹漆；质待文也。”这段话说的是外在相对于内在的重要性。比如虎皮豹皮如果没有斑纹，那就跟狗皮羊皮一样；犀兕虽然有皮，但制成铠甲还要靠涂上丹漆才有色彩。然而，《论语·八佾》中说：“绘事后素”，先有好的底子，美的姿态才能立得住。

美好的东西固然值得追逐，但不可以被其外在的绚丽迷惑，只有积极做好内在素质的储备，当美貌、财富、权势等身外之物加之于已的时候，才能绽放“秀外慧中”的光彩和美丽。

不必过于看重自己

地铁挤得水泄不通，饭馆总是满座，每个人的脑子里都被小忧小虑塞得满满的。我溜出了这个世界，可它依然是满满的，满得很。应当承认我不是不可缺少的人。（《死无葬身之地》）

人类是自动充实的。它不缺谁，也不等谁来补充。人类将继续漫无目标地走下去，同一些人将向自己提出同样的问题，将同样地虚度自己的年华。（《缓期执行》）

什么伟大不伟大，不必为它担忧，只要身体健康，能吃能喝，管他娘的东半球，去他妈的西半球；他们也以严肃、清醒的头脑拒绝伟大所带来的慰藉，甚至逃避接受痛苦：我们连悲剧人物都不是，连历史人物都不是，我们只是蹩脚的喜剧演员，连一滴眼泪都不值，更不是什么生来命运不凡的人，世界是一种偶然。（《痛心疾首》）

人往往不甘于平凡，那么他所不甘心的究竟是平凡生活中的什么呢？不过是一种关于个人社会存在感的假象而已。世界很满，拥挤于其中忙忙碌碌的人们，往往转不得身，看不见路，无意识地走过每天固定的线路。与其如此，不如跳脱出名利及忧虑所带来的精神欺骗，认识自己，享受平凡的幸福。

简单是值得留恋的

他头一回感受到，在他身边有点儿什么将来也许值得留恋的东西。那就是这厨房里晌午时分的和平气氛；这安安静静的家务活儿；这窗帘筛过的一线阳光，如同面包屑一般泻落在方格砖上。在这一切之外，或许还包括他的童年时代，以及某种既宁静又忙碌的生活方式，那是他已彻底舍弃了的。（《缓期执行》）

简单的生活，简单地度过。我爱谁，选择怎样的生活方式，都是只与自己有关，可以率性而为，可以义无反顾，但必须懂得珍惜。

成熟的标志

当你每在背后留下一本札记的时候，你活得更加自然；事件一旦已被经历，它们就自行消灭；实质上，在某种意义上，本真性是私人日记里的事情。（《寄语海狸》）

（写日记）仿佛是在此种现实生活之上，还拥有另一种秘密生活的感觉，有欢乐，有不安，有懊恼。（《寄语海狸》）

成熟的表征之一，便是对不能说的事情，保留我们必须交付的沉默。不是不愿意和贴心的人谈一谈，也不是故作深沉，而是懂得了保护他人，学会了独自承担。不想让爱的人增加负担，也想让自己经历磨炼。

理解的前提是尊重

盆里栽着的花不会觉得腻味。太阳一出来，人家便将它们放到露天下，黄昏时分搬回屋里。人家从不征求它们的意见，它们不作任何决定，也没有任何期待。人家想象不到：用全身的毛孔吸取空气和光线是多么费劲儿。（《缓期执行》）

理解的前提是尊重。不急着争辩，不忙着判断，先清空心灵，听听别人怎么说，于人于己都是一次有益的成长。

跟着感觉走

如果价值是没有把握的，如果价值太抽象了，没法用它来决定我们目前所考虑的特殊的、具体的事情，那就只有倚仗本能一法了。（《存在主义是一种人道主义》）

偶然并不存在，或者不像人们所认为的那样；孩子成为这样或那样，是因为他把普遍性体验为特殊性。（《辩证理性批判》）

后天的理性与原始的本能支配着人们的行动。本能是一种天赋的恩惠，当我们无法凭借理智做出判断时，不妨听任本能的引导，像个孩子一样做最纯粹的决定。

为矛盾的生命体验而庆幸

一名不大彻底的理性主义者，表面上很自信，实际上却游移不定，对于一切天生属于你理性范围内的东西充满善意；对于除此以外的任何东西都视而不见、满纸谎言；为了谨慎而喜欢说理，在鉴赏力方面爱感情用事，七情六欲颇不健全。（《缓期执行》）

一生不得不永远在两者之间寻求折中，一方面是其实非常淡薄的叛逆和无政府的意趣；另一方面则是你内心深处的趋向——毋宁说是守秩序、追求精神上的健全，不如说是墨守成规。结果你始终不过是个不负责任的老学生。（《不惑之年》）

矛盾，总是存在于那些对人生有激情、有想象的人的生命体验之中。也许这种矛盾会给生活带来些许困扰，但我们更应该为此感到高兴。因为这说明我们正在思考生命，我们的手中握有选择自己的未来的权力。

学会调和生活中的矛盾

一个被各种情况凑在一起必定引向毁灭的人打动不了别人。（《提倡一种处境剧》）

那些为各种选择感到纠结的人，实在应该学会独处，让真实的自我更加清晰可见。因为繁华使人迷乱，独处使人澄明。那个真实澄明的我们会比处在纷乱中的我们，更加自然而动人。

人要勇敢地承担责任

懦夫并不是因为有一个懦弱的心，或者懦弱的肺，或者懦弱的大脑，而变得懦弱的；他并不是通过自己的生理机体而变成这样的；他所以如此，是因为他通过自己的行动成为一个懦夫的。世界上没有懦弱的气质这样东西。有的人的气质容易紧张；有的人贫血；有的人感情丰富。但是贫血的人并不因此而是个懦夫，因为使人成为懦夫的是放弃或者让步的行动；而气质并不是一种行动。一个人成为懦夫是根据他做的事情决定的。（《存在主义是一种人道主义》）

成为懦夫还是强者，完全是我们自己的选择。

虽千万人吾往矣

侠义之举只有出自那些了解事物的代价的人，才值得尊重；同样，唯有经过深思熟虑的大胆行为最能感动人。（《纪德活着》）

你做过这样的决定吗，明知要付出很大的代价，做出很多牺牲，还是愿意坚持自己的选择？就像父母当初决定让我们走进他们的生活一样。

浮生若梦

这个巨大的存在，是我梦见的吗？它在那里，压在公园上，滚落在树木中，软软的，厚厚的，把一切都粘住了，像果酱。而我，我和整个公园都在它里面？我害怕，但更感到愤怒，我觉得这很愚蠢，很不合适，我恨这极其讨厌的果酱。可它多的是！多的是！它一直升上天空，四处蔓延，用它衰竭的胶状体充斥一切，我看见它的深渊比公园的边界，比房屋，比布维尔还远得多；我不再在布维尔了，我哪里也不在，我在漂浮。我不惊奇，我知道这是世界，突然显现的、赤裸裸的世界，对这个巨大而荒谬的存在，我愤怒得喘不过气来。你甚至无法想这一切是从哪里来的，怎么会存在一个世界，而不是虚无。这毫无道理。前前、后后，无处没有世界。而在世界之前却什么也没有，什么也没有。不曾有过它不存在的时刻。这一点着实令我气恼，因为这个流动的液体，它没有任何理由存在，但它又不可能不存在。……我处在这个巨大的烦恼深处透不过气来。但是，突然间，公园变得空空的，仿佛落进了一个大洞，

世界像出现时那样骤然消失，或者说我醒过来——总之我再看不见它了。（《他人就是地狱》）

人生不过一场短暂虚幻的梦境，委屈气恼也罢，潇洒肆意也罢，终究都会烟消云散。何不冷眼视之，平常心待之呢？

人生百变，从容面对

每一时刻的存在似乎只是为了引来后面的时刻。我全心全意地珍惜每一时刻，我知道它是独一无二的、不可替代的，但我绝不阻止它的死亡。我在萍水相逢——在柏林和伦敦——的女人怀中度过的最后一刻——我热爱那一刻，我几乎爱上了那个女人——会结束的，这我知道。不久我就要去另一个国家。我再也见不到这个女人，再也见不到这一夜。我细察每一时刻，将它汲尽，无论是美丽眼睛里短暂的柔情，还是街上的嘈杂、黎明的微光，我都一一捕捉，并且永远将它固定在我身上。然而，那一刻在流逝，我不挽留它，我喜欢它流逝。（《恶心》）

生命的下一刻，永远处于未知的状态。可能有不安，但也有憧憬的自由。也许下一秒，我们就能看到最美的风景，遇到最想见的人。从容面对时光的流逝吧，因为它让你离憧憬的未来越来越近；珍惜此刻的经历吧，因为它让你的回忆越来越充实。

禀性决定前程

所谓他自己的战争，与其说是命运，不如说是禀性。他自己当然也可以期望别的前途。例如做一名伟大的哲学家，或者过唐璜式的放荡生活，或者做出色的金融家。但禀性是不可选择的：要么符合禀性成就大业，要么错失禀性一事无成。如此而已。（《缓期执行》）

“天生我材必有用。”（唐·李白《乐府·将进酒》）每个人都有擅长的东西，但并不是每个人都能发现，这取决于自我认知的程度。相信自己，然后不断去尝试，就一定能发现自己的天赋所在。

第二章

处世的哲学

人从来都不是孤立地存在于这个世界上的，每个人都或多或少地和别人发生着千丝万缕的联系。“他人”也许是我们生活中再熟悉不过的一个概念，但对此，不同的人可能有着截然不同的认识。

对虚荣的人而言，他人是用来肯定自己的工具。别人的认可、他人的缺陷都能成为自我陶醉的原因，因而难免被人厌烦。

对自卑的人而言，他人是难以逾越的大山。每个人都拥有自己没有的闪光点，因而不敢靠近，怯于表达，也就会自然而然地被他人孤立。

对自信的人而言，他人是和自己平等的个体。“见贤思齐焉，见不贤而内自省也”，和别人的每一次沟通，都成为一场有益的学习，所以被人喜爱。

可见，他人是我们认识自己的一面镜子。从别人对待我们的方式中，能照见我们的待人之道；从别人的优缺点中，能看到自己的长处和不足。

我们一生会遇到无数的人，如何和他人相处是每一个人的必修课。萨特将用哲学家的大智慧告诉我们，如何为人处世，如何成为一个更好的人。

人见我，故我在

看见我的人使我得以存在，他看见我是什么样的，我也就是那个样子啦。（《缓期执行》）

我是什么样子，不由我自己确定。听起来，是个多么悲观的状态啊！但日常生活的简单事件告诉我们，它不过是一个看与被看的简约逻辑。当我们被他人注视时，我们突然成了他人意识中的对象。我的存在和我的外表，是由那个注视着我的他人的观点决定的。这种注视不一定是我们所愿意的，但却是我们无法躲开的。

他人即地狱

你们的印象中，地狱里该有硫磺，有熊熊的火堆，有用来烙人的铁条……啊！真是天大的笑话！用不着铁条，地狱，就是他人。（《隔离审讯》）

“他人就是地狱”这句话总是被人误解，人们以为我想说的意思是，我们与他人的关系时刻都是坏透了的，而且这永远是难以沟通的关系。然而这根本就不是我的本意，我要说的是，如果与他人的关系被扭曲了，被破坏了，那么他人只能够是地狱。……其实，对于我们认识自己来说，他人是我们身上最为重要的因素……（《萨特谈“萨特戏剧”》）

最初，我们每一个人都是孤立而神秘的个体。然而，人生在世，必然与他人在尘世中相遇，这种关系是不可避免、不可逃避的；想什么、做什么、能做什么，总会受到由他人所构成的外部环境的影响。人生的大半苦恼与快乐，均在于此。

眼睛看不见睫毛

如果跟他人的关系起了疙瘩，变坏了，那么他人只能是地狱。为什么？因为人要有自知之明，实际上他人最为重要。当我们捉摸自己，当我们试图了解自己，所用的其实是他人对我们的认识，我们运用他人掌握的手段，运用他人判断我们的手段来判断自己。（《萨特谈“萨特戏剧”》）

俗话说“目不见睫”，人的眼睛可以看见百步以外的东西，却看不见自己的睫毛。认识自己并不是一件容易的事情。这时，他人对自己的判断，或者学会以他人判断自己的方式来自我判断，便极为重要。

赞美的神奇力量

某种巨大的集体力量深深感染了我，在我的心里扎下根。时刻注视着我，这就是他人的信任。……他确保我的委任，并以无名而神圣的伟大力量指导我的一生。要摆脱他，我感到困难重重，因为他躲在我的脑后，化装成概念，让我用来了解自己，确定自己的地位，为自己辩护。（《文字生涯》）

心理学实验反复验证一个现象：人的情感和观念，会不同程度地受到他人的影响。这也是我们在实际生活中常常遇到的事实：人们会不自觉地接受自己喜欢、钦佩或信任的人的影响和暗示，而这种暗示，正是让你梦想成真的基石之一。只要周围的人相信你很优秀，你变得优秀的可能性就会远远超过不被信任的情况。

同理，你对某个人的肯定和信任也很可能会改变他的一生。所以，在鼓励自己的同时，也不要吝啬对别人的赞美。

镜子里的眼睛

要是我不照镜子，尽管摸到自己，我也不能肯定我究竟是不是真的存在。……我说话的时候，总想法子呆在有一面镜子照得着我的地方。我一面说话，一面看镜子里说话的我。我看自己就像别人看我一样。这样我才清醒。（《隔离审讯》）

我们的身体，其特性即本质上是被他人认识的：我认识的东西就是他人的身体，而我关于我的身体所知道的主要来自他人认识它的方式，就像他人用来看我的方式。（《存在与虚无》）

美国作家艾温·辛格在《我们的迷惘》中说："人类在每一个事物中寻求先验的意义，以抵御对任何事物包括人自己的存在之重要性的怀疑。"

人本身是个不自信的生物，在寻求生命意义和自我价值的路途中，他人的关注和肯定具有意想不到的非凡意义。

我们也是他人的镜子

野兽隐藏着，我们意外地突然在我们同类的眼睛深处看到了野兽的目光，于是我们就大打出手：所谓预防性的正当自卫。……在他死前的眼睛里我看到了野兽。活着的野兽：就是我。（《阿尔托纳的隐居者》）

在我们与他人的相互注视中，目光的折射是相互的。诚如我们以他人的眼光来调适自己的行为一样，他人也会根据我们的观点来调适他的行为。他人是我们认识自己的重要因素，我们只有尊重他人，才能收到他人对我们的尊重。如果我们扭曲了与他人的关系，我们也不得不承受随之而来的痛苦。

自由是相互的

一个人是自由的而他人是不自由的，这是无法接受和难以想象的。如果自由拒绝了他人，它就不再是一种自由。如果人们不看重他人的自由，那么一段时间内表现在他们之中的自由就会立即被摧毁。（《萨特思想小品》）

我们要求的是以自由为目的的自由，是在各种特殊环境下均有的自由。我们在要求自由的时候，发现自由完全依附于他人的自由。而他人的自由，又依赖于我们的自由。（《存在主义是一种人道主义》）

英国哲学家穆勒说："个人的自由，以不侵犯他人之自由为自由。"自由是相互的，彼此尊重是享受自由最重要的前提。

他人目光的束缚

个人需要他人，因为个人只有通过他人才能了解自己，人对自己的直接了解是内心感受，是纯主观性的，是对存在的直觉，它的真实性无法得到任何证实，所以必须借助于能客观进行观察的他人来证实，但是如果说他人对我的观察是客观的，那他人就使我处于客观的状态，因此，我就受到这种将我变成物的他人的目光的束缚。（《存在与虚无》）

《战国策·齐策》中记载邹忌之语："妾之美我者，畏我也；客之美我者，欲有求于我也。"他人的评判，虽有其客观性，却也受其存在的一定语境所限。对于他人的评判，我们需要有自知之明，做真假之辨。

不要过于依附于他人的判断

我跟他人的关系之所以不好，是因为我自己完全依附于他人，于是我当然犹如处在地狱里。世界上有大量的人处在地狱的境地，因为他们太依附他人的判断。（《萨特谈“萨特戏剧”》）

很多人囿于陈规陋习，苦恼于他人对自己的定见，但是根本不想改变。这样的人如同死人，从这个意义上讲，他们不可能冲破框框，超越他们的忧虑、他们的定见和他们的习惯，因而他们常常是他人对自身定见的受害者。（《萨特谈“萨特戏剧”》）

“死人”在此是有所象征的。我想借此指出，有许多人被禁锢在一系列陈规之中不能自拔，他们对自己抱有他们本人也为之痛苦的看法，然而他们却没有设法去加以改变。……如果谁总是在为他并不设法去改变的看法和行为而烦恼不安，那么谁就是一个活死人。实际上，由于我们都是活人，所以我想以荒谬的构思来揭示我们的自由的重要性，也就是通过其他行动来改变我们为之痛苦的行动的重要性。不管我们处于何种地狱般的环境之中，我想我们都是有自由去打碎它的。如果有谁不去打碎它，那就是他们自由地留在其中了，也就是说，他们自由地将自己置于地狱之中。（《萨特谈“萨特戏剧”》）

他人的评价固然重要，但也不应在其中迷失了自己。人如果过于依附于他人的判断，必然容易患得患失，不敢做自己，又不愿成为别人期待的那个模样，生活会变得一团糟。

我们的模样是自己设计的结果

人也许根本不可能了解自己的面孔，或者是因为我孤独一人？群居的人们学会了在镜子里看见自己出现在朋友面前的模样。（《恶心》）

一个人的自由必须通过同他人的关系才能实现。一个完全与世隔绝的个体是不可能生存的，当然也就谈不上什么自由了。一个人活在世上，必须不断地做出选择，不断设计自己的人生，而这种选择和设计必然是在与他人的关系中做出的，有自由的权利，但也难以做到真正的由心而发。

友情让我们的生活更有意义

> 我赞叹这些年轻人。他们一边喝咖啡，一边讲述清清楚楚、真实可信的故事。如果你问他们昨天干什么了，他们会毫无难色、三言两语就讲明白。要是我，我会张口结舌的。的确，长久以来，没有人关心我的时间表。当你独自生活时，你连讲述也不会了。真实性随朋友们一同消失。事件也一样，你听任它流逝。你看见突然出现了一些人，他们说话、走动，于是你沉入无头无尾的故事之中，你会是一个蹩脚的见证人。（《恶心》）

朋友圈让我们可以肆意倾诉，也可以认真倾听；可以体会到被爱的感觉，更可以感受到被需要的荣幸。是友情让我们发现自我的价值，体会到生活的意义。

像爱自己一样爱他人

一个人必须完整地为他的邻人而存在，而他的邻人也必须完整地为他而存在，这样就能建立真正的社会协调。（《七十岁自画像》）

每个人都懂得要想别人爱自己，自己必须先爱他人的道理。但是爱的方式有很多种，只有先明白自己的位置，了解自己是谁，才能用正确的方式去爱值得爱的人。

群体的平庸

平庸的思想，但是这些思想却成了群体的会面场所。每个人在这里找到自己，也找到别人，老生常谈属于大家，因此也属于我；它在我身上属于大家，它便是大家在我身上的存在。（《〈一个陌生人的肖像〉序》）

个人思想的平庸可能源于所见的贫乏，而集体思想的平庸则多是群体交往中不得不选择的处世之道了。因为没有多少人喜欢看上去比自己聪明的人。

不要在群体中迷失了自我

每个人都以一种新的方式发生反作用：不是作为个人或他者，而是作为共同的人的个别体现。（《辩证理性批判》）

不是与大家相似，确切说是成为大家的化身。（《〈一个陌生人的肖像〉序》）

一个人不是一个性格，而且首先不是一个故事，甚至不是一张习惯织成的网：一个人是特殊性与一般性之间无休止的、软弱无力的往返运动。（《〈一个陌生人的肖像〉序》）

我们每个人都和其他人不一样，不必因为试图融入集体而消弭自己的个性。认为自己的生活要完全和他人、团体保持一致的想法，无异于给自己设了一个牢笼，让自己沦为失去自由的囚犯。

群体不是个人的简单集合

在群众性集会上，如果有人出来胡说八道，人群就会如潮水般拥过去，将他推倒在地。一时间还可以看到他的两条胳膊在空中挥舞，再过一会儿就没有他的影子了。（《缓期执行》）

群体，是日常生活中松散的、自然形成的人与人之间的外在性关系。不是正式组织，但也有必须遵循的公共相处规则。而人与人之间相处之道的核心，无非就是少些自以为是，多些尊重和宽容。但前提是，不要在群体中失去了自我。

脱离集体的代价

当每一个人都不考虑他人而坚持继续执行一项集体任务时，它就可能变成一种可怕的压力。（《辩证理性批判》）

不考虑他人和集体利益的一意孤行看似个性十足，但最终会让自己蒙受巨大的压力和挑战。

人，从来都是不能完全脱离集体而存活的。

忙也不要忘了自己

这一切并不新鲜。我从未拒绝过这种无害的激情。恰恰相反，要感受它只需稍稍孤独，以便在恰当时刻摆脱真实性。我仅仅在孤独的表层，我与人们十分接近，一遇危险便躲藏在他们中间。其实我至今只是业余爱好者。（《恶心》）

现代人往往行色匆匆，忙忙碌碌，几乎没有时间停下来看清自己。所以，当人生临近终点的时候，他们才恍然大悟，原来我为之操劳一生的东西，并不是我真正想要的。

不论你正在满腔热情地投入哪种事业，都不要忘了停下来认识自己。

群居是更大的孤独

> 我从我的窗口看到一些人在穿过一个广场，这些人互不了解，在忙于一些工作，这些工作至少在研究的这一层次上使他们互相隔离；我也看到一群人在等一辆公共汽车，他们中的任何人都不去注意其他人：所有的眼睛都转向雷恩街，等待着即将开来的公共汽车。在这种半孤独的状态中，无疑是街道、广场、铺路石和沥青、人行横道线以及公共汽车把他们统一起来。（《辩证理性批判》）

日本哲学家三木清说："孤独不是在山上而是在街上，不在一个人里面而在许多人中间。"

你一定撒过谎

我以为任何时候都应该用透明性来替代秘密，我不难设想这样一天，那时候两个人之间将彼此没有秘密，因为他们将对任何人没有秘密，因为主观生活和客观生活一样都将被完全提供、给予。不能接受的是，我们交付我们的身体如我们现在所做的那样，但我们却掩盖我们的思想，因为对我来说，身体和意识之间没有本质性的区别。（《存在与虚无》）

在现实世界里，谁敢说自己从未撒过谎，做过假呢？每个人都有一种趋利避害的心理倾向，在这种心理的支配下，人们会用谎言或虚假的方式来保护自己。这类心理会一直潜藏在一个人的生活和交往中，没有人能够逃脱。

自己也是自己的“地狱”

事实上有一种来源于不信任、无知和恐惧的矜持心理，这种心理使我每时每刻都不能信任别人，或者使我过分信任。我个人也不是在所有问题上都向我碰到的人发表自己的见解的，但是我努力做到尽可能的透明，因为我认为我们身上的这个阴暗区域同时既对我们自己也对别人都是阴暗的，我们只有在力图对其他人做到襟怀坦荡的时候才能为我们自己照亮这个阴暗区域。（《存在与虚无》）

在我们的生活中，每当诸如信任缺失、无知、恐惧等问题出现的时候，大家往往很自然地去寻找客观原因，分析他人或社会大环境的问题，却看不到自己的错误。其实，很多问题出现的根基就在我们自己身上。

偏见阻隔交流

他们每个人都有他们小小的成见，这阻止他们看到他们的存在，没有一个人不认为对某一个人或对某一件事是不可缺少的。（《恶心》）

人与人之间的成见会阻隔正常的思想交流，使人失去正确的判断力。诚如卢梭所言：“人类的真正感情，最不应该让成见给束缚了。”或如胡适在与友人谈治学时所说：“心平气和，虚心体察，平心考查一切不合己的事实与证据，抛开成见，跟着证据走，服从证据，舍己从人。”

事实上，无论是治学，还是为人处世，都应该抛开有色眼镜，铲除心中成见的荆棘，不贬低，也不高估，实事求是就好。

不同行为原则导致人与人的隔膜

对于透明性的主要阻碍首先是恶。这里我指的是在不同原则启发下做出的行为可能导致我不赞同的结果。这个恶使得所有各种思想的传达变得困难，因为我不知道别人在多大程度上从与我相同的原则出发来形成他的思想。在某种程度上，这些原则当然可以得到澄清、讨论、确立，但是我不能与随便什么人讨论随便什么问题。我可以和你讨论随便什么，但是我不能与我的邻居或者穿过马路的行人也这样做：逼急了，我宁可打一架也不跟他讨论到底。（《存在与虚无》）

人与人之间的隔阂源于人们的行动往往受不同原则的支配，而这种原则是不同的生活经验长期积累的结果。知道了这一点，就能多一些理解和尊重，少一些不必要的争吵。

人，把自己变成刽子手的同谋，自动跌入卑鄙的深渊。刽子手知道这一点，他在窥伺对方意志崩溃的时刻，这不仅因为他将得到他希望获得的情报，而且因为对方意志崩溃将再一次向他证明，他有理由使用酷刑，人是只配用鞭子抽打的动物；他就以这种方式消灭他的邻人的人性，由于反弹力，同时也消灭他自己身上的人性：这个呻吟不已，浸透汗水，浑身血污不堪的人开口求饶，这个人如痴若狂，发出钟情女子的喘息声，同意交出自身听凭别人摆布，他不仅供出一切并且热心地一再加码，因为他意识到自己在作恶，这一意识如同拴在他脖子上的磐石，带着他越沉越深，刽子手知道这个人的形象与他自己的形象是一致的，他在行刑的同时，也在同等程度拷打他自己，如果他本人想逃脱这一整体堕落，除非表明他盲目信仰如紧身褡一般束缚住我们卑劣的软弱行为的一种铁的秩序，他没有别的办法；简单说，他只有把人的命运交给非人性的力量去主宰。某个时刻总会来临，那时候行刑者与受刑者达成一致：对于行刑者，是因为他在单独一个受害者身上象征性地满足了他对全人类的仇恨，对于受刑者，是因为他只有把自己的过错推向极端才能承担这个错误，他只有同时憎恨所有人才能忍受他对自己的憎恨。（《存在与虚无》）

“可怜之人必有可恨之处，可恨之人必有可悲之苦。”世界上没有绝对的善与恶，但行善和作恶所带来的后果是当事人必须学会面对的。

焦虑是因为想得太多

焦虑意味着什么呢？……我走在悬崖边的一条没有护栏的狭窄小路上。对我来说，这悬崖是要躲避的东西，它代表死亡的危险。同时我想到一些属于普遍决定论范围的原因，它们能把这种死亡的威胁变成现实，我可能在石头上滑倒并掉进深渊，小路上疏松的土可能在我脚下崩塌。通过各种这样的预测，我把自己看作一个物，相对这些可能性而言我是被动的，它们是从外面来到我这里的，因为我也是世界上的一个对象，服从万有引力，这些不是我的可能性。在这个时候，恐惧显现出来了，我从处境出发把它把握为诸多超越物中的可破坏的超越物，把握为对象，在自身中并不拥有它的未来消逝的起源。我的反应将在反思范围内：我要“留心”路上的石头，我要尽可能远离路的边缘。我因为竭尽全力排除危险的处境而自我实现，我在自己面前设想了一些将来的行为，意在使我脱离世界的种种威胁。这些行为是我的可能性。……如果我能在我同这些可能性的诸关系中把自己看作是产生结果的原因，那就不会产生焦虑。

。

但是，我感到焦虑正是因为我的行为只是一些可能，而这恰恰意味着，在我构成摒弃这个处境的全部动机时，我同时把这些动机当作不够充分有效的。（《存在与虚无》）

高尔基说："如果怀着愉快的心情谈起悲伤的事情，悲伤就会烟消云散。"很多事情，就看你怎么想，愿意以怎样的心态面对。

理解的真谛在于感同身受

我们对他人的理解从来就不是沉思性的：理解只是我们的实践的一个契机，是在斗争中或在默契中体验把我们和他人统一起来的具体的人际关系的一种方式。（《辩证理性批判》）

丰子恺说：“我们在夜里固皆知道有昼，在船上固皆知道有陆，但只是知道而已，不是实感。”这就是“知道”与“实感”的区别。“理解”这件事情也是一样的，不是脑子里知道，嘴皮上说说就可以的，需要真正的设身处地、感同身受。

温柔对待不等于尊重

严厉的教育把孩子们当成工具来对待，因为这种教育企图用强力使孩子折服于他没有接受的价值；但是，一种自由化的教育，由于使用了别的方法，仍然是先天地选择了一些对付孩子的原则和价值。以温和的说明态度对待孩子，这仍然是强迫他。于是，尊重他人的自由是一句空话：即使我们能假定尊重这种自由的谋划，我们对“别人”采取的每个态度也都是对于我们打算尊重的那种自由的一次践踏。（《存在与虚无》）

我们每个人都有希望别人听取我们的意见的倾向。不论是暴力强迫还是温柔劝说，目的都在于说服他人。而真正的尊重是多听少说，甚至只听不说，给对方完全的自由。

做个有趣的人

对于认识的所有那些真正有趣的人来说，虚情假意就是一种背叛。（《寄语海狸》）

人只有真实，才能有趣。

无须对每个人好

要与暧昧的宽厚态度决裂，宽厚使我们虚耗了许多时间与一些我视同粪土的人周旋，只为“别让他们难过，这太不够意思了”。从此我要硬下心肠。我要在乎一些东西，我已经当够了冷血的鱼或一座坟墓。所以我不愿意再分散精力，对一些我根本不在乎的人说许多好话，从而浪费我爱人和爱物的可能性。（《寄语海狸》）

不必将太多的人和事，请进我们的生命中。人的精力有限，在不必要的东西上消耗过多，就可能与我们真正爱的人与事擦肩而过。

学会轻轻走开

不要去干扰他们摆脱苦海，踮起脚尖轻轻地走开吧！你不可能分担他们的悔悟，因为他们的罪过里，没有你的份。而且你那对他们说来不得体的清白无邪，会像一条鸿沟一般将你与他们分隔开来。（《苍蝇》）

陪伴和安慰，有时是动力，有时也可能是伤害。再透明的人也会有不想说出来的秘密，即使关系再好，也要懂得给对方留下一些空间和宁静。

鸡生蛋还是蛋生鸡

我们在我们的意识中将要遇到的“我”，它是由于我们诸多表象的综合统一而成为可能的，还是由于有它而使各种表象在事实上统一起来的呢？（《自我的超越性：一种现象学描述初探》）

是要看才产生了眼睛，要说话才产生了嘴巴；还是因为有了眼睛才去看，有了嘴巴，才开始说呢？这无疑是一个鸡生蛋、蛋生鸡式的难题。那么，对于我们来说，是因为我们的存在，才分饰子女、父母、下属、领导等种种身份，还是因为这些身份，才集合出一个多面的我们呢？

生命的意义并不在孤零零的肉体上，而在于不断变化的身份和生活中。

感情需要经营

为了保持一所房子作为居住处的实在性，它就应该有人栖居，即照料、升火、扫除、油漆，等等；否则它就会颓败。（《辩证理性批判》）

即使是最亲密、最无条件存在的父母和孩子之间的感情，也需要细心的经营，更别说爱情和友情了。

金钱乃外在之符号

我只是从十八、九岁起才有钱给人家，那时候我在高等师范学校上学，同时给人上个别辅导课，收到一点钱。我在这里头搞到一点钱，于是也给别人一点。不过我到底给了人什么？几张我在做了一件自己感到满意的工作之后收到的纸币罢了。我没有感到金钱的价值，感觉不到钱的分量：我只感到几张钞票，我无缘无故地拿到，又无缘无故地给出去。（《七十岁自画像》）

金钱，只是便于物品流通的外在符号罢了。它无法衡量出任何重要的内在品质，诸如爱、信任、诚实、勇敢等等。我们应以平常心待之，无须盲目追求，更不必为其所累。

己所不欲勿施于人

命令与服从，其实是一码事。连最专横的人都是以另一个人的名义，以一个神圣的无用之辈的名义下达命令的，把他自己遭受的无形的挨打受骂传给他的后代。我一生中从不下达命令，下命令我就觉得好笑，也使人发笑。这是因为我没有受到权势的腐蚀：人们没有教会我服从。（《一个企业主的童年》）

我们都不愿意被人命令，但却乐于命令别人，矛盾自然成了无法避免的事情。

“己所不欲，勿施于人”是打造良好人际关系的不二法宝。

虚荣和骄傲

为什么有许多人完全不是骄傲的？拿一个孩子来说，他的家庭贫穷，大人之间的关系不和，他没有受过教育，没有达到社会要求他的一个真正的人应具有的水平。在这种情况下，到十八九岁，他去寻找一个职业，那是沉重的低报酬的工作。这个孩子也许会以他的体力而骄傲，但这只是一种虚荣心。他并不具有严格地称之为骄傲的东西，因为他总是被异化，总是达不到这种程度。他应该有能力同他人一起行动，并高喊："我做过这事，我做过那事，我有权利说话。"（《辩证理性批判》）

虚荣与骄傲是截然不同的，但我们却常常把它们当作一回事。虚荣之心来自于希望得到他人肯定的迫切，本质上和自卑有关；骄傲则更多的是一种自信的升华。

但要知道自卑也能够给人前进的动力，自信也可能让人马失前蹄。所以，这世上没有什么东西是绝对好或者坏的，关键在于把握恰当的度。

自欺的滋味不好受

如果自欺像我们说过的那样，就是对自己说谎，那么说对自欺而言情况就不可能是相同的了。当然，对实行自欺的人而言，关键恰恰在于掩盖一个令人不快的真情或把令人愉快的错误表述为真情。因此自欺外表看来有说谎的结构。不过，根本不同的是，在自欺中，我正是对我自己掩盖真情。（《存在与虚无》）

在说谎中，欺骗者和被骗者是两个人；在自欺中，则是同一个人。说谎的目的是欺骗他人；自欺，则是将否定引向自身。否定自己本来的样子，而去适应自己的社会地位和身份。

所以，说谎是向他人掩盖真情，自欺则是对自己掩盖真情，这滋味自然不会好受。

真正的爱与激情无关

当人们爱上一个人，对他产生强烈的激情时，人们不能真正认识他。（《作者，作品与公众》）

大翻译家傅雷说：“有了真诚，才会有虚心，有了虚心，才肯丢开自己去了解别人，也才能放下虚伪的自尊心去了解自己。建筑在了解自己了解别人上面的爱，才不是盲目的爱。”理智地、平静地爱一个人，最好。

爱与被爱，都值得珍惜

相反，在爱情中恋爱者希望自己对被爱者来说是“世界上的一切”。如果我应该被别人爱，我就应该自由地被选择作为被爱者。人们知道，在流行的爱情术语中，被爱者是用当选者这术语表示的。但是这个选择不应该是相对的和偶然的：当恋爱者认为被爱者在许多别的人中选择了他时，他被激怒并觉得被贬低了。“那么，如果我不进入这个城市，如果我不经常与某某人相来往，你就不会认识我，难道你就不爱我了？”这种想法使恋人悲伤：他的爱情变成许多人中间的爱情，同时被相遇的偶然性所限制：它变成在世的爱情。事实上，恋爱者要求的，就是被爱者已把他变成为绝对的选择。（《存在与虚无》）

“于千万人之中遇见你所要遇见的人，于千万年之中，时间的无涯的荒野里，没有早一步，也没有晚一步，刚巧赶上了，那也没有别的话可说，唯有轻轻地问一声：‘噢，你也在这里吗？’”（张爱玲《爱》）

相遇和相爱本来就是缘起偶然的小概率事件。所以，当这等幸福降临在你身上的时候，一定要心怀感激，学会珍惜。

爱情需要妥协

如果我们一开始就把他人揭示为注视，从这种看法出发，我们就应该承认我们是在占有的形式下体会到我的不能把握的为他的存在。我被他人占有；他人的注视对我赤裸裸的身体进行加工，它使我的身体诞生、它雕琢我的身体、把我的身体制造为如其所是的东西，并且把它看作我将永远看不见的东西。他人掌握了一个秘密：我所是的东西的秘密。他使我存在，并且正是因此占有了我。（《存在与虚无》）

爱情里总有一个我、一个他。我们都对彼此怀有期待，都希望对方能为自己做出改变。所以，爱情是会让我们损失些许自由的，而唯有学会妥协，爱情才能维系。

爱情是一场关于自由的谈判

爱情是冲突。事实上我们曾指出，他人的自由，是我存在的基础。但是恰恰因为我通过他人的自由而存在，我没有任何安全感，我处在这种自由的威胁之中；这自由把我的存在和“使我存在”揉合在一起，它给予我价值又取消我的价值，我的存在由于自由得以永远被动地逃离自我。我介入其中的，但又不负责任并不可到达的变化多端的自由，它反过来能使我介入成千上万种不同的存在方式。我恢复我的存在的谋划，除非在我控制了这个自由，并且只在我把这自由还原为顺从我的自由的存在时才能实现。也许，如果人们思考“恋人为什么要被爱？”这个纯粹心理学方面的问题的话，问题就更清楚了。事实上，如果爱情是纯粹肉体占有的情欲，在很多情况下，它就很容易得到满足。例如，普鲁斯特的主人公把他的情妇安置在他家里，他能整天地看见她并占有她，并且已经能够把她完全置于物质性的附属地位，他想必似乎应该是无忧无虑。然而人们知道，他相反，却忧心自焚。只有在她睡着的时候凝视着他，

他才可暂时松一口气。爱情肯定要去征服“意识”。但是它为什么要征服意识呢？又怎么样去征服呢？（《存在与虚无》）

我们爱一个人，就渴望能够占有他，而这占有势必会损害原有的自由。所以，爱情需要理解和让步。理解对方这么做只是因为爱，并为了对方的快乐和幸福而让步。

爱情不是完美无瑕的

谁能满足于那种被当成是海誓山盟的纯粹忠实的爱情呢？因此谁会愿意听见说："我爱你，因为我是自由地被诺言约束来爱你的并且我不想反悔，我由于忠实于我本身而爱你"呢？于是恋爱者要求誓言而又被这誓言所激怒。他想被一个自由所爱并且祈求这个自由不再是自由的。他希望别人的自由由我决定去变成爱情——不仅仅是在恋爱的开头，而且是在每时每刻——同时希望这自由被其自身捕获，自由返回自由本身，犹如在狂热的时候、在梦幻的时候一样，以便期望它被征服。而这种被征服的自由在我们手中应该是一种自由的卸任，同时又是一种被禁锢物。我们期望于他人，期望于爱情的，不是情感的决定论，也不是能及范围之处的自由：而正是一个自由使情感决定论起作用并且扮演它的角色。恋爱者不希望是自由的这种彻底变化的原因，而是希望是自由的、唯一的、幸运的偶因。事实上，他不可能希望是自由的原因而不同时把被爱者当作人们可以超越的工具，把他浸没于世界之中。爱情的本质不在这里。相

反，在爱情中恋爱者希望自己对被爱者来说是“世界上的一切”。（《存在与虚无》）

别把爱情想得太浪漫，因为你会失望的；也别把爱情想得太现实，因为它真的很美好。总之，真正的爱情不是完美无瑕的，但可以因为你的认真和坚持而变得很美。

羞耻是因为有他人存在

羞耻是对我原始堕落的体验，不是由于我犯下了这样那样的错误，而只是由于我“落”入了世界，没于事物之中，并且由于我需要他人为中介以便是我所是的东西。害羞，尤其是对在裸体状态被碰见时的恐惧，只是原始羞耻的象征性表现：身体在这里象征着我们无遮无掩的对象性。穿衣，就是掩盖其对象性，就是要求有不被看见的权利，就是说要求成为纯粹主体的权利。所以圣经中犯了原罪之后堕落的标志就是亚当和夏娃“认识到他们是裸体的”这一事实。对羞耻的反应恰恰在于把那个把握了我自己的对象性的人当作对象。事实上，从那时起，他人对我显现为对象，他的主观性变成了被考察的对象的一种简单的属性。事实上在“我对我感到羞耻”这一表述的结构中，羞耻假定了一个对别人而言的对象——我，但是同时也假设了一个感到羞耻的自我性，并且这表述中的“我”完整地体现了这种自我性。这样，羞耻是对以下三维的统一领会：我在他人面前对我感到羞耻。如果这三维中有一维消失了，羞耻也就消失了。（《存在与虚无》）

旧约神话描述了这样的图景："他们二人的眼睛就明亮了，才知道自己是赤身露体，便拿无花果树的叶子，为自己编作裙子。"（《创世纪》3：5，7）可见，羞耻感源于能看见，并注意到有一个他者的存在。他人的存在就形成了一种约束力。

那么，当我们独处的时候，又该让谁来约束我们呢？

责任与他人

一种突然爆发的和驱动我的社会事件并不是来自外部，如果我被征调去参加一场战争，这场战争就是我的战争；它是我的形象并且我与之相称。我与之相称，首先是因为我随时都能够从中逃出，或者自杀或者开小差：当涉及面对一种处境的时候，这些极端的可能性就应成为总是面对我们在场的可能性。由于我没有从中逃离，我便选择了它：这可能是由于在公众舆论面前的软弱或者怯懦所致，因为我偏向于某些价值更甚于拒绝进行战争的价值（我的亲友的议论，我的家庭的荣誉，等等）。（《存在主义是一种人道主义》）

是否要承担某项责任，只有当事人自己有权利决定，其他人都没有干涉的资格。因为只有经历过的人，才能真正理解其中的苦与乐，在价值和代价之间做出判断。

第三章

选择的困惑

看透世间情爱的张爱玲，用红玫瑰和白玫瑰之间的纠结，道出人生选择的困惑："也许每一个男子全都有过这样的两个女人，至少两个。娶了红玫瑰，久而久之，红的变了墙上的一抹蚊子血，白的还是'床前明月光'；娶了白玫瑰，白的便是衣服上的一粒饭粘子，红的却是心口上的一颗朱砂痣。"

在人生的旅途中，总有几次，我们会站在十字路口，不得不面对人生的选择。不论选择哪条路，日后回想起当初的选择，很多人都会好奇如果我选择了其他道路，风景会不会不一样，尤其是在生活不如意的时候。而人生却绝不会给我们第二次选择的机会。

其实，不论你选择哪条路，路上总有坎坷，也一定有醉人的美景。问题的关键不在于你如何选择，而在于选择后，你将以怎样的态度走下去。

努力前行，留心观察，每条路都将通向迷人的好风景。

遇见有趣的人和事

这个世界是一个贫乏而单调的世界；在这个世界里，同样的情景不断地在每一个细节上重现，而与此相伴随的则是进一步被规则化、被预见到了的所有相同的典仪规范。在这里，至关重要的是，没有任何东西可以逃脱掉，可以维持住，或者可以使人惊讶。（《想象心理学》）

生活是单调而不断重复的，倘若你不能通过自主的选择去不断遇到有趣的事，结识有趣的人，那生活将会多么无聊啊?

我们不能决定什么时候死

在审判的那天，兄弟俩一同出现在圣庭上，弟弟问上帝说：“你为什么让我这么年轻就死去？”上帝回答说：“为了拯救你。如果你再活长些，你就会犯一次罪，就像你的哥哥一样。”那么，轮到他的哥哥来问：“你为什么让我这么老才死？”如果死不是我们的存在的自由决定，那么它便不能决定我们的生命；多活一分钟或少活一分钟，一切就可能改变；如果这一分钟被加到我的账目中或者被夺走，甚至在承认我能自由地使用它时，我的生命的意义也离开了我。然而，基督教式的死是来自上帝的：上帝选择我们的死期……我死的那一分钟不是由我确定的：它是由世界的程序决定的。（《存在主义是一种人道主义》）

在正常情况下，我们是不能决定自己什么时候死的，但可以决定生活的方式和面对死亡的态度。

是生还是死

树在漂浮。向天空冲刺？不如说精疲力竭。它们不愿意存在，但无能为力，就是这样。于是它们慢慢吞吞、无精打采地为自己打点饭菜；树液缓缓地、无可奈何地在导管里上升，树根缓缓地深入土中，但它们无时无刻不想抛下这一切，无时无刻不想消失。它们疲惫、衰老，但是仍然无可奈何地存在，因为它们太软弱，不会死，因为死亡只能来自外界。只有乐曲能够高傲地负载本身的死亡——作为内在的必然性，但是乐曲并不存在。一切存在物都是毫无道理地出生，因软弱而延续，因偶然而死亡。我向后靠着，闭上眼睛。但是形象立刻警觉起来，跳将起来，使我合着的双眼里充满了存在，因为存在是一种满盆，人无法脱离它。（《恶心》）

“生存还是死亡，这是一个问题。”不论选择生，还是选择死，都需要极大的勇气。而生，总还是比死有更大的希望和更多的可能的。

生活是无法逃避的

没有一个人愿意正视存在。这里展示的就是面对存在的五次小小的溃逃，悲剧或喜剧的溃逃，五种生活。如即将被枪决的巴勃洛，他想把自己的思想抛到存在的彼岸，他想到了他自己的死，结果是白费心机。夏娃试图理解处于封闭、疯狂的非现实世界中的彼也尔，结果仍是枉然。毫无办法，这个世界不过是一个幌子而已，疯子们都是骗子。至于艾罗斯特拉特，他想通过明显的拒绝人类的生存状况的行为，即通过犯罪来引起公愤，可一切都是徒劳的，罪行已经犯下，罪行是确凿存在的，可他却拒不认罪了，这是一个制造流血事件的邪恶的家伙。还有劳拉，她在欺骗自己：她试图在自我与她不能不对自我投以的注视之间抹上一层薄雾，结果还是徒劳，薄雾立刻变得清晰透明，她并没能欺骗住自己，她只是自以为把自己欺骗住了。最后是吕西安·佛勒维埃，他是这些人当中最接近于感受到他存在的一个人，可他偏不愿这样做，他逃避了，他躲进了对自己的权利的冥想之中：因为权利本身是不存在的，它们是应该在那里的，所以他的企图也是徒劳的。总之，所有这些逃避行为都失败了，它们被一堵墙挡住了。逃避存在，这依然是存在。存在是一个人无法脱离的充实体。（《萨特谈“萨特戏剧”》）

在以英国现代主义女作家伍尔夫的小说《达洛威夫人》为蓝本改编而成的电影《时时刻刻》中，有这样一句台词："要直面人生，永远直面人生，了解它的真谛，永远的了解，爱它的本质，然后，从中得到解脱。"生活是无法逃避的，无论是惊心动魄还是平凡庸常，都要选择勇敢直面。

选择的苦恼是幸福的苦恼

安妮给他写信了，他将去找她，所以他仍存有一丝希望。但安妮变成了一个臃肿的胖女人，她也变得绝望了，她放弃了对“美满的时刻”的追求，就像洛根丁放弃寻求奇遇一样，她也以自己的方式发现了存在，他们再也无话可说了。洛根丁重又回到了孤独之中，沉到了这个笼罩在城市上空的巨大的自然物的底部，并预见到了它未来的灾难。……他决定离开布城，他又走进铁路员工酒吧，想最后听一次《在这些日子里》。就在唱片旋转的时候，他又隐约看到了一丝希望，一丝容忍自己的微薄希望。（《自由之路》）

有的人生来就是承受某种约束的：他们无法选择，人们已将他们引向某一条道路。道路的尽头，一个行动在等待着他们，这就是他们的行动。（《苍蝇》）

很多时候，我们因为选择太多而痛苦纠结，却不知道无法选择，只能认命的失落和绝望。

自己的存在由自己决定

人自己的存在由人自己决定。(《存在主义是一种人道主义》)

人存在、露面、出场，后来才说明自身。如果说人，在存在主义看来是不能给予定义的话，这是因为人之初，是空无所有；只在后来人要变成某种东西，于是人就照自己的意志而造成他自身。(《存在主义是一种人道主义》)

人通过不断的选择来造就自己。有许多人在选择时，总容易受到别人意志的左右，很难按自己的想法做出自由选择，这就等于失掉了自己的个性，失去了“自我”。这样的人生就不算真止的存在过。

选择的自由是有限的

人自己处在一个有组织的处境中，他是摆脱不掉的：他的选择牵涉到整个人类，而且他没法避免选择。（《存在主义是一种人道主义》）

当我们说人挑选他自己的自我的时候，我们是说我们每一个人都如此做。不过，这个意思又指人在进行这种选择时，他也为一切人做出选择。（《存在主义是一种人道主义》）

选择是自由的，应该不受除自己以外的其他因素的制约。但选择的自由也是有限的，要以不侵害他人、公众的利益为前提。

选择是必然的

> 选择是可能的，但是不选择却是不可能的，我是总能够选择的，但是我必须懂得如果我不选择，那也仍旧是一种选择。（《存在主义是一种人道主义》）

我们的生活充满了选择。虽然选择什么以及如何选择是自由的，但选择是必然的，即使你决定不选择，实际上也是做出了选择，你选择了“不选择”。

活着就有希望

选择的结构必然意味着选择是在世的选择。（《存在与虚无》）

简要地说，生活使我懂得了境况的力量。在我不愿当兵的时候我却成了一名士兵，在某种程度上讲，“存在与虚无”本身就是发现这种境况力量的开始。这样，我就遇到了我的自由和外部驾驭我的什么东西的冲突。以后我被俘，而这正是我想要逃避的命运。从此，我开始认识到我曾称为诸物中人的实在的东西：生存在世。（《存在主义是一种人道主义》）

选择的前提是“活着”。人生在世，总会遇到各种各样的困难，也许，你没有办法立刻战胜困难，但你可以选择是与命运抗争，还是逆来顺受地接受命运的安排。无论怎样，只要活着，一切就都有希望。

境况不能约束选择的自由

众神之王朱庇特对俄瑞斯忒斯说："如果你胆敢声称你是自由的，那你就应该夸耀一个被关在牢底，戴着手铐脚镣的囚徒的自由，就该夸耀一个备受磨难的奴隶的自由。"

俄瑞斯忒斯回答："为什么不呢？"（《苍蝇》）

囚徒和奴隶虽然被剥夺了身体的自由，但并没有被剥夺思想的自由。在任何处境下，人都有否定的自由、想象的自由和不认命的自由。

境遇中的自由选择

人在一定的境遇中是自由的，他在这个境遇中，并且通过这个境遇选择自己。（《提倡一种处境剧》）

人在一定的境遇中是自由的，而这个境遇就是不放弃自己，不放弃选择的权利。

态度决定一切

《圣·热内》也许是我对自由解说得最清楚的一本书。热内被塑造成为一个贼，他说："我是一个贼。"而这个微小的变化使他开始成为一个诗人，最后他甚至成为一个不再徘徊于社会边缘的存在，人们不再问他来自何处，对他的过去保持沉默。诸如此类，自由不可能是一种幸运。自由也不是一种成功。对热内来说，自由仅仅是给他规划一条道路，而这条路并不是从一开始就确定了的。（《存在主义是一种人道主义》）

人不能选择他的出身，但可以选择对待出身的态度，可以通过自由的选择赋予自己的出身以不同的意义。

比如，咖啡馆侍者可以选择做或不做侍者，也可以通过选择积极服务或消极怠工来确定这个职位对他的意义；拦路的岩石对于前行者来说，可以是令人厌烦的障碍，也可以是让人心情愉快的休息所。一切全看你怎么选择，怎么想。

实现自我驾驭

我们处在种种特定的境况之中，并通过这种种境况获得自由。（《存在主义是一种人道主义》）

没有走不通的路，只有想不开的人；没有不能悟的人，只有不肯觉的心。真正的自我实现，不是成就一世之功名，而是恢复永恒之本性。衡量一个人的能力，不是看他能否驾驭别人，而是看他能否驾驭自我。

听从内心的声音

人是自己造就的，他不是现存的；他通过自己的道德选择造就自己，而且，他不能不作出一种道德选择，这是环境对他的压力。（《存在主义是一种人道主义》）

境遇是一种召唤，它包围着我们，向我们提出某些解决办法，然而必须由我们自己去做出选择。（《提倡一种境遇剧》）

在面对很多人生抉择的时候，社会大环境会先提供一种选择给我们，而这种选择很可能会和我们内心的意愿产生冲突。

如果你认定了自己内心的选择，就勇敢地听从自己内心的声音吧。因为日子是要自己过的，快乐与否只有自己知道。

改变自己比改变世界更靠谱

人分成三类：有很多钱的，根本没有的，稍微有一点的。第一种人想保住他们既得的东西，他们的利益在于维持现有秩序；第二种人想取得他们没有的东西，他们的利益在于破坏现有秩序，建立一种对他们有利的秩序。第一种和第二种人都讲究实际。第三种人想推翻现有社会秩序以取得他们没有的东西，同时又想保住现有秩序以免别人取走他们已有的东西。结果，他们事实上在保存他们思想上所要摧毁的东西，或者事实上在摧毁他们好像在保存的东西。他们就是理想主义者。（《魔鬼与上帝》）

不论世界如何变化，都不可能完全满足我们的需要。与其为如何改变世界而焦虑，不如沉下心来改变自己。

改变世界的方法

赤手空拳，身无分文，唯一感兴趣的事是用劳动和信念拯救自己。这种纯粹的自我选择使我升华而不凌驾于他人之上。既无装备，又无工具，我全心全意投身于使我彻底获救的事业。……（如果不这样）还剩什么呢？赤条条的一个人，无别于任何人，具有任何人的价值，不比任何人高明。（《文字生涯》）

如果每一个人都能做到“用劳动和信念拯救自己”，“使自我升华而不凌驾于他人之上”，那么也许我们就能改变世界。

思想的自由

只是在很晚之后我才搞清楚这一切。战争这场戏剧给我一种对英雄行为的体验，这是每一个参加战争的人都会有的。不是我的英雄行为，我所做的事情显然是不足道的。那些在抵抗运动中被俘虏和遭拷打的战士对我们来说都变成了神话中的人物。他们有许多还活着，然而这些生者也仿佛是一种肉身的神人。我们也能在那种拷打中挺下来吗？这个问题在当时仅是一个身体的忍耐力问题——既不是历史诡计问题，也不是异化之路问题。一个人被拷问，他将怎么办？他或是招供或是拒绝回答。这就是我根据对英雄行为的体验而说的东西，但这种体验是不真实的。（《自由之路》）

无论我们的存在是什么，它都是一种选择，它依靠我们的选择使自己成为“伟大的”、“高贵的”或“卑贱的”和“屈从的”。（《存在与虚无》）

就像敌人限制囚犯的自由一样，在日常的生活中，突如其来的疾病、繁重的工作、窘迫的经济条件都可能限制我们的自由。但要知道，这些东西限制的只是我们肉体的自由，我们的思想依然可以在书籍的世界里自由自在地“环游世界”。

做人生的导演

人们喜欢的是，一个人天生就是懦夫或者英雄。《自由之路》那本书受到最多的责难大致上就是这样："可是，归根到底，这些人是非常卑鄙的，你怎么能够把他们写成英雄呢？"这条反对理由的确相当可笑，因为它暗示英雄是天生的；然而，这些人老老实实就是这样一厢情愿。如果你天生是个懦夫，你就可以安安分分活下去，因为你对此毫无办法可想，而且不管你怎样努力，你将终身是个懦夫；而如果你天生是个英雄，你也可以安安分分活下去，你将终身是个英雄，像一个英雄那样吃吃喝喝。而存在主义者却说，是懦夫把自己变成懦夫，是英雄把自己变成英雄；而且这种可能性是永远存在的，即懦夫可以振作起来，不再成为懦夫，而英雄也可以不再成为英雄。要紧的是整个承担责任，而不是通过某一特殊事例或者某一特殊行动就作为你整个承担责任。（《存在是一种人道主义》）

没有人的命运是生来就被设定好的，只要你渴望改变自己的命运，行动永远都不晚。你的人生只有你自己能够导演。每个人对于自己的选择，必然勇敢地承担一切责任，即人必须得为自己的自由选择所带来的后果负责。

是你出了问题

他的真正的奇遇就这样开场了：他的所有感觉中都产生了一种隐隐约约、又略带恐怖的变化，这就是厌恶，它从你背后抓住了你，然后你就在时间的温和池水中飘浮了。是洛根丁变了吗？抑或是世界变了？墙壁，花园，咖啡馆一下子都沉浸在厌恶之中。有一次，他在晦气的一天醒来；空气中，阳光下，还有人们的举止中好像有什么东西腐烂了。……洛根丁拖着沉重的身躯在大街上闲逛，他是无法证实的。在春天开始的第一天，他明白了他的奇遇的意义：厌恶就是显露出来的存在，而这种存在是不那么好看的。（《自由之路》）

美国著名推销员乔·吉拉德说："我要微笑着面对整个世界，当我微笑的时候，全世界都在对我笑。"古罗马帝国皇帝奥勒留说："如果你对周围的任何事物感到不舒服，那是你的感受所造成的，并非事物本身如此。借着感受的调整，可在任何时刻都振奋起来。"可见，当你感到生活不再美好的时候，很可能是你自己出了问题。

为选择买单

我有一个想法，从未放弃过并一直在深化：一个人最后总是要对自己所做的事情负责，他除了承担这种责任外别无其他选择。因为我相信，一个人总是可以从自己的所作所为中创造一点什么。现在我把自由定义为：自由是人们的一个小小的活动，有了它，那些完全被社会所制约的存在就成了不完全限制在社会给定的种种条件之中的人。（《存在是一种人道主义》）

面对选择的时候，我们是自由的，可以听从自己内心的声音。但一旦做出了选择，我们就必须为自己的选择买单，承担一切可能的后果，这是没有选择的。

职业经验论者？他们在半醒半睡的麻木状态中熬日子，由于急躁而仓促结婚，又莫名其妙地生了孩子。他们在咖啡馆、婚礼和葬礼上与别人相遇。有时他们被卷入漩涡，奋力挣扎，但不明白发生了什么事。他们周围发生的一切，其开始与结束都在他们的视野以外。长长的模糊形状、事件，从远方来，迅速擦过他们身边，等他们想观看时，一切已经结束。然而，他们快到四十岁时，却把本人可怜的固执习性和几句格言称为经验，于是他们就成了自动售货机：你往左边那个缝里扔两个钱，出来的就是银纸包装的小故事；你往右边那个缝里扔两个钱，出来的就是像融化的焦糖一样粘牙的宝贵忠告。（《恶心》）

捷克小说家米兰·昆德拉曾把他的一部小说命名为《生命中不能承受之轻》。对于“轻”的含义可以有很多种理解，其中之一就是指生活缺少原则和目标，充满随意的选择。小说前言中有个耐人寻味的故事：有个捷克人，申请移民签证，官员问：“你打算到哪儿去？”“哪儿都行”。官员给了他一个地球仪：“自己挑吧！”他慢慢转了转，对官员说：“你还有没有别的地球仪？”这就是一个精神世界的漂泊者，在生活中无从选择，无处可去。

选择的同时即意味着某种放弃

我曾是很能喝酒的，人生一大乐趣就是痛快地喝它一个晚上，哪怕在我为一些客观原因感到烦恼时也是这样。现在我再没有这种乐趣了，因为医生禁止我饮酒。我不太相信医生的知识，但我仍得服从他。（《七十岁自画像》）

“鱼，我所欲也，熊掌，亦我所欲也；二者不可得兼，舍鱼而取熊掌者也。生，亦我所欲也，义，亦我所欲也；二者不可得兼，舍生而取义者也。”（战国·孟子《孟子·告子上》）生活中总要面对很多选择，要想少些苦恼，就要有明确的选择标准，并欣然接受选择和舍弃可能带来的一切后果。

坦然面对死亡

走向死亡显得是一系列被剥夺的过程。……有一些人生的乐趣是在我完全被剥夺干净之前就已被剥夺了的，而这就是死亡。这种消散就是老之将至。（《七十岁自画像》）

李白在《春夜宴从弟桃花园序》中写道：“夫天地者，万物之逆旅也；光阴者，百代之过客也。而浮生若梦，为欢几何？古人秉烛夜游，良有以也。”时光荏苒，生命短暂，我们应该抓紧时间享受生活的美好，但同时也要像蒙田说的那样，收拾好行装，随时准备和人生告别。

坦然面对死亡，才能活得快乐；活得快乐，方能坦然面对死亡。

死亡不能解决任何问题

死，永远不是将其意义给予生命的那种东西：相反，它正是原则上把一切意义从生命那里去掉的东西。如果我们应当死去，我们的生命便没有意义。因为它的问题不接受任何解决方法，因为问题的意义本身仍然是不确定的。（《存在与虚无》）

法国思想家罗曼·罗兰说："以死来鄙薄自己，出卖自己，否定自己的信仰，是世间最大的刑罚，最大的罪过。宁可受世间的痛苦和灾难，也千万不要走到这个地步。"死不能赋予生任何意义，反而是对生命和自我的最大否定。

战胜卑怯的自我

人类的生活恰恰应从绝望的彼岸开始。（《苍蝇》）

内心贫乏和感到自己无用，促使我抓住英雄主义舍不得放下。（《文字生涯》）

人生的意义往往是从绝望的基点开始的，就像是大战过后城市的重建，是从废墟上开始的一样。人类只有把自己逼到生活的绝望胡同，才能激发出生命里最强大的潜能。正如《孙子兵法》中所说，“置之死地而后生，陷之死地而后存。”

要感谢生活的困境使我们最终战胜了卑怯的自我。

自由与选择

自由之为自由却仅仅是因为选择永远是无条件的。(《存在与虚无》)

环境对一个人的制约永远没有我们想象的那么大，每个人都可以通过自由选择决定自我、塑造自我。所以，永远不要因为当下的不如意就把责任推给任何人或任何客观条件，还是多在自己身上找找原因吧。

理性帮助我们选择

他发现自己面临着两种形态非常不同的行动：一种行动很具体，很直截了当，但是只为一个人着想；另一种行动的目标要远大得多，是为全国人民的，但是正因为如此，这个行动变得没有把握了——它说不定会中途夭折。与此同时，他也在两种道德之间踌躇莫决：一方面是同情，是对个人的忠诚；另一方面，忠诚的对象要广泛得多，但是其正确性也比较有争议。他得在这两者之间作出抉择。有什么能够帮助他选择呢？（《存在主义是一种人道主义》）

我们常常会陷入不知如何是好的感情漩涡中，唯有理性能够指导我们的选择。所以说，控制情感的力量越大，我们就越少感受情感上的痛苦，选择就会越自由。

听其言，观其形

如果价值是没有把握的，如果价值太抽象了，没法用它来决定我们目前所考虑的特殊的、具体的事情，那就只有倚仗本能一法了。这就是那个青年人试行做的。当我看见他时，他说：“归根到底，起作用的还是情感；情感真正把我推向哪个方向，那就是我应当选择的道路。如果我觉得非常爱我的母亲，愿意为她牺牲一切——诸如报仇的意志，以及一切立功立业的渴望——那么我就同她呆在一起。如果相反地，我觉得对她的感情不够深，我就走。”但是人怎样估计感情的深浅呢？我可以说我爱我的某个朋友爱到可以为他牺牲，或者牺牲一笔钱的程度，但是除非我这样做了，我是无法证明我爱他到这样的程度的。我可以说：“我爱我的母亲爱到同她呆在一起的程度，”但只有我真正同她待在一起时才能这样说。我要估量这种感情的深浅，只有付诸行动，以行动来说明和肯定我的感情的深浅。但是如果我再援引这种感情来为我的行动辩护，那我就是卷进一种恶性循环。（《存在主义是一种人道主义》）

行动，是检验感情深浅的真正标准。

休息是为了更好地前行

既然不困，为什么要睡呢？对极了。别忙，别忙！为什么这就难熬呢？为什么这就一定教人吃不消呢？我懂了：因为这种生活，没有间隙。（《隔离审讯》）

我们眨一下眼皮，叫做一瞬。黑乎乎的一刹那，就像一道幕，一起一落，造成间隙。眼睛得到湿润，世界顿时消隐。这多使人耳目一新啊。一小时之内休息四千次。四千次短暂的逍遥。（《隔离审讯》）

孔子曾说“生无所息”（战国·列御寇《列子》）。然而，生命的过程中同样需要休息，不要为太多的忙碌而忘记了周围的风景，放松心情同样是生命的另一种哲学。休息，是为了更好地前行。

阅读是一场自在的梦

阅读是一种自由自在的梦。（《为何写作》）

阅读一部小说也就是假定了意识的一种一般性态度，这种态度大致相仿于看到剧场里帷幕升起的观众的态度。他要准备发现整个一个心理意象世界。面对剧场表演，也就是在演员身上把握人物，随心所欲地在树的影片上去感受森林。阅读便是在符号上体现出与非实在世界的联系。在这个世界之中，也有植物、动物、田野、村镇、人群；首先是那些在书中所描述的东西，而后才是许多其他没有提到但却在背景上出现并赋予这个世界以完整性的东西。（《想象心理学》）

自由没有定性，它是在一个历史处境中争取到的；每木书从一个特殊的异化出发建议一种具体的解放途径。源于每本书都在暗中求助于某些典章制度和习俗、某些压迫和冲突形式，求助于当时的智慧和疯狂、持久的激情和一时的固执，求助于迷信和良知的最新成果、明显不过的事实和愚昧无知的表现，求助于科学使之流行，并由人们应用于各个领域的特殊推理方法，求助于希望和恐惧，求助于感性、想象乃至感知的习惯。（《什么是文学》）

所谓“要么读书，要么旅行，心灵和身体总要有一个在路上”，此言不谬。选一本自己喜爱的书，在一个阳光温暖的午后，泡一杯清茶，然后端坐在窗台边，专心致志地投入到阅读的世界中。现实的生活渐渐离我们远去，书本的世界却不断地向我们敞开。

读书就像做梦。你可以完整地去感受一种渴望已久的、完全不同的人生。

在阅读中想象

想象的成分在阅读中却又不能是完全不存在的。离开了这一成分，我们如何去考虑情绪的强度呢？我们感到谦卑，我们有所激愤；而且，有的人甚至潸然泪下。在阅读的时候，也如在剧场里一样，我们实际上是面对着一个世界的；我们所面对的世界，其存在也如我们在剧场里所面对的世界一样，亦即是非现实世界的一种完全的存在。语言符号并不是纯意义与我们的意识之间的媒介；……这些符号表现的是我们与那种意象的世界之间相连的区域。要对这种阅读现象进行正确的描述，就必须指出，读者是面对着一个世界的。（《想象心理学》）

文学是这样一种运动，通过它，人得以每时每刻从历史中解放出来。（《什么是文学》）

富有特性的态度使作者得以把自己的一生变成一场认真从事的实验，我们不需任何准备就能予以吸收。

（《纪德活着》）

作者为我们活过一生，我们只要读他的作品便能重活一次；他使我们能避开他曾经坠入的陷阱，或者像他走出陷阱那样走出来。（《纪德活着》）

在阅读书籍的时候，虽然明知那是一个遥远的世界，我们仍会不自觉地消融现实世界中自我的主体性，而在书本描述的世界中依循新角色的眼睛重构另一个主体，将书本中的事件作为有生命的“世界”来体验，逐渐敞开心扉，倾诉隐秘的追求和欲望。而影视作品却很少能够给我们这样的奇妙体验。

这就是想象的意义，这就是阅读的魅力。

阅读是生活的延伸

小说家向我们展示那些在他的主人公的“精神”中交替出现的思想。他将撒谎：这不是（或者不一定是）思想，所有的思想都一起产生，人被关在其中，他不断地和他周围所有的墙联系起来，并不断知道自己被墙围住了。所有这些墙构成了唯一一座监狱，而这座监狱就是唯一的生活、唯一的行为。（《辩证理性批判》）

每一次阅读，都是生活的延伸，使我们的生命拥有更多可能。

好书能“救命”

有一个在家里干活的人拼搏了一夜，为的是写出不朽的一页，从而使众人获得一天的缓刑。（《词语》）

一本书里凝结着作者的人生经验和智慧思考，也许一句不经意的话就能触动我们的心灵，甚至改变我们的命运。

好书中蕴含的思想和智慧，是能“救命”的。

我们不能活在书里

作品向生活提出了问题，但是必须知道是在何种意义上提出的：作为人的对象化的作品，确实要比生活更全面、更完整。当然，作品扎根于生活，阐明了生活，但作品只有在自身中才能找到自己的全部解释。只是这种解释出现在我们眼前还为时过早。生活被作品阐明为一种现实，这种现实完全是从生活之外来确定的，既是在产生它的条件之中，又是在表达它时将它完成并对它补充的艺术创作之中。……由于艺术的对象不能还原为日常行为中的对象，所以这些答案是不充分的和有限的；在作品和生活之间有一条裂缝。（《辩证理性批判》）

阅读可以让我们有机会感受另一种生活，但不可否认的是，书中的生活和现实有所差距，合上书本的一刹那，我们还是要回到自己的生活里。

比体验另一种生活更重要的是，我们可以从阅读中获得一些指导真实生活的智慧。

我们都是好演员

真情实况和无稽之谈是一码事；扮演激情就能感受激情。（《文字生涯》）

演戏不是为了挣钱吃饭，演戏是为了骗人，也欺骗自己，为了做出自己做不出的事来；同时因为人们按老套子生活，过得腻烦了，要换换花样。人们对自己太了解了，便要演演戏，以便看不出自己的真面目来。演英雄，是因为自己是懦夫；演圣人，是因为自己居心不良……之所以演戏，是因为人们热爱真理又憎恶真理。（《凯恩》）

我们每个人，每一天都或多或少地在演戏。这是生活中无奈的选择，无可厚非。但无论怎样，必须有那么一个地方，那么一个人，是你能够坦然地脱掉“戏装”，愿意真实面对的。

说出来，更好

她独自享用痛苦，大概也独自享用快乐吧。我在想，她有时是否想摆脱这种单调的痛苦，摆脱这种她一停止歌唱便卷土重来的唠叨话呢？她是否希望痛痛快快地痛苦，自溺于绝望中呢？但是对她来说，这不可能，因为她已经被卡住了。（《恶心》）

快乐与人分享就会加倍，悲伤对人诉说就会减半。你可能习惯于选择沉默，但为了更快乐的生活，还是试着说出来吧！说出来，会好很多。

看电影的意义

电影院则相反，观众混杂在一起，好像不是为了娱乐欢庆而是发生了一场灾难才聚集在一起的。在电影院里礼节被取消了，这反倒显露出人们真正的关系，即依附关系。……（这样的人群聚集）这样毫无掩饰，这样摩肩擦背不分彼此，这样如梦后初醒的状态，这样暗自意识到做人的危险。（《文字生涯》）

人生如戏，戏如人生。在光影世界里感受人间百态，再不是自己扮演自己的角色，而是看旁人扮演自己的角色。即使我们只与剧中人拥有短暂的惺惺相惜，也可以让我们获得寻找人生新方向的启示，或者学会与自己不太如意的人生握手言和。

旅行的馈赠

在艺术之外，有三件事情是高尚的。首先是爱情，因为这是一项无用的激情；其次是旅行，因为旅行者是个永久的见证人，他从一个社会到另一个社会，从不在任何一个社会中久留，也因为旅行者是一个勤劳的集体中外来的消费者，他最完美地体现了寄生现象。有时战争也算，因为战争无限制地消耗人和财富。（《什么是文学》）

人就是这样，到了陌生的地方反而能够静下心，去发现别人生活中的美好。希望每一个从他处回来的人，都能保持那颗热情的心，那双好奇的眼，不断地在自己的生活中发现快乐。

把乡村带回家

乡村能奉献给人充满清新的田野气息的无意识：在这里，人们从另一个侧面展示一种性格，一种命运，一种能够摆脱存在于我们意识中无休止的废话的办法，一种确定自我，肯定自我的方法。（《一个企业主的童年》）

偶尔可以到乡村小住，暂时忘却都市中的繁华和忙碌：漫步在庭前院后，观赏红瓜绿藤、鲜花翠竹，自在的鸡鸭鱼群，感受乡村田园风光的恬淡静谧，以及淳朴人家的简单、快乐，陶醉于这种随意自由的生活方式之中，满心欢喜。然后回归城市，努力把自己的日子过成那美好的样子。

拒绝荣誉

这是在 1945 年，戴高乐来到巴黎，他任命了部长和副部长，有一个文化部，部长是马尔罗，我的朋友雷蒙·阿隆是副部长。人们开始分配荣誉勋位。我的朋友佐洛想让我违心地得到荣誉勋位，他认为这会把我搞得很尴尬。他对我搞了一个恶作剧。

他去看我母亲，花了很多时间同她呆在一起，劝说她同意此事。可怜的母亲对此事一无所知。她的父亲有荣誉勋位，她丈夫也有荣誉勋位，在她看来她儿子也应该得到它。佐洛劝她以我的名义去接受荣誉勋位，并说这会使我意外地欢喜。她高兴地同意了。就是说，她在纸上签了字。

这的确是优待，因为这本该由我本人签字。而我一直不知道这事。一天，一位朋友打电话给我，他有个亲戚在文化部工作。

他说："你是不是申请了荣誉勋位？"

我惊讶地喊了起来，他接着说："好啦，你马上就会得到它。"

于是我赶紧打电话给阿隆。我对他说："我亲爱的朋友，他们马上要给我荣誉勋位。请你制止此事。"阿隆对我的态度有些见怪，他觉得我这人太不识抬举。但他还是照办了，我躲过了荣誉勋位。（《寄语海狸》）

关于荣誉，每个人都有不同的理解。所以，接受荣誉理所当然，拒绝荣誉也情有可原，都是每个人自主的选择。只是，接受荣誉需要智慧，而拒绝荣誉，可能需要更大的智慧。

你真的向往平等吗?

我觉得荣誉勋位是一个泥坑，尽管条件是很不错的。接受一枚勋章，在我看来是一件不可思议的事情。这是一种等级制度。……我认为，我们周围的多数人对荣誉勋位、诺贝尔奖和类似的东西评价过高了，而事实上这些奖不说明任何问题。它们仅仅符合等级制度所给出的一种区别，但这不是一种真正的存在，是抽象的存在，是我们只知其然而不真正知其所以然的存在。……我的深层实在是超出荣誉的。这些荣誉是一些人给另一些人的，而给这荣誉的人，无论是给荣誉勋位还是诺贝尔奖金，都没有资格来授予。我无法想象谁有权给康德、笛卡尔或歌德一项奖，这奖意味着现在你属于某一等级。我们把文学变成了一种有等级的实在，在其中你处于这种或那种地位。我拒绝这样做，所以我拒绝一切荣誉。（《寄语海狸》）

我们每个人都向往平等，但在生活中，却又有意无意地做着划分等级的事情。而且当自己处于较高等级时，还毫不惭愧地乐在其中。

真正的富有与物质无关

为了爱，为了恨，应该献出自己。一个人，出生富裕之家，稳稳地置身于他的财富之中，某一天，他把自己奉献给了爱，奉献给了恨，并且和自己一起，把他的土地、房屋和往昔的回忆都献出去了。这个人是美的。（《苍蝇》）

为什么有纠纷？为什么有利害冲突？为什么世风日下？因为利欲熏心的物质主义像瘟疫似的传遍全国。……人们以为出生于世必然回归于世，所以只关心世间的利益。（《痛心疾首》）

“天下熙熙，皆为利来；天下攘攘，皆为利往。”（西汉·司马迁《史记》）为物质利益奔走无可厚非。但人生在世，必须要有一些你甘愿放弃物质利益也要去守护的东西才好，那才是真正的富有。

既来之，则安之

人们会回答我说：“我并没有要求出生。”事实上我被遗弃在世界中，这不是在我在一个敌对的宇宙里，像一块漂在水上的木板那样是被抛弃的被动的意义下说的。而是相反，这是在我突然发现自己是孤独的、没有救助的、介入一个我对其完全负有责任的世界的意义下说的。不论我做什么，我都不能在哪怕是短暂的一刻脱离这种责任，因为我对我的逃离责任的欲望本身也是负有责任的。让我自己在世界上成为被动的，拒绝干涉事物和别人，这仍然是自我选择。（《存在与虚无》）

古语有云：“既来之，则安之。”（《论语·季氏》）我们确实是被动地来到这个世界的，但既然来了，何不竭尽全力痛快地活出个样子呢？这样才对得起那些受过的苦，才能心安理得地享受所有的快乐呀！

第四章

思想的魅力

我们的生活就像旅行，思想是导游，如果没有导游，一切就会变得杂乱无章。一个人从心底里焕发自信的真正根源，是他的思想体系的建立。权力和金钱等外在的东西并不能让一个人获得真正的心安和自由。而思想总能以潜移默化的力量影响着我们的内心，进而改变我们的生活状态，甚至我们的未来。

而且，思想不是永远一成不变的。受外界环境和他人的影响，我们的思想状态也会不断变化，但向积极还是消极的方向变化，则取决于我们的内心。

每个人都是自己思想世界的建造师。不同的思想世界决定了每个人不同的魅力所在。让我们在萨特关于思想的妙语中，一同体会不同思想的魅力，学习如何打造积极强大的思想世界吧！

人生是一个不断成长的过程

我总是把一个人的生活看作某种贴近和围绕他的东西。总的来说，我大致上是以这种方式看待和祝福自己的一生和所有人的一生——这有一种逐渐扩展的线状的开端，它带着知识的获得，最早的体验、冒险和一系列感受。（《存在与虚无》）

一个人的生活，与他在生活中所获得的不同程度的锻炼，取得的不同程度的修养和不同程度的成长有关。好比香料，捣得愈碎，磨得愈细，香得愈浓烈。

在人生的瓦解中前行

人是一个走向瓦解的生命。他的一生决不会从头到尾都是一致的。倒不如说它在消散，它被耗干。我略去这个耗干的时期——我并不因此而伤心，因为这是人们共同的命运——我想我有过一段好时光，这是从三十岁到六十五岁，在这段时间我能够抓住自己，要开始做什么事也不是很困难。在这个持续时期，我能够很好地运用我的自由去做我想做的事：我可以运用和展开某些思想；我做了我希望做的事情——也就是说，我写作，这是我一生最根本的东西。我成功地实现了我七、八岁时就渴望的东西。（《词语》）

生命必定是走向衰竭的，但人生可以不断地走向辉煌。不是有这样一种说法吗？最终成功的大多不是大家认为理所当然的那个人，而是对理想坚持到底的人。

得之我幸，不得我命

人体，注定死亡的人体是个布满愿望的森林，一个愿望就像一只鸟，栖在树枝上。（《痛心疾首》）

有那种时刻，你觉得你的躯壳装不下你，你的本事太大；你不伤感，但是你会既顾影自怜又对自己不满。（《寄语海狸》）

“绝望”这个名词的意思是极其简单的。它只是指，我们只能把自己所有的依靠限制在自己意志的范围之内，或者在我们的行为行得通的许多可能性之内的。（《存在主义是一种人道主义》）

愿望，是推动我们行走于世的动力。然而，我们也需要了解这个世界的全部复杂性，以及我们自身的种种有限性。唯有自明自性者，在愿望一无所成的时候，才不会绝望地抱怨自己的一无所有，仍能以“得之我幸，不得我命”的洒脱面对人生。

思想是改变现实的潜在力量

我很少思考，于是一大堆微小变化在我身上积累起来，而我不加防范，终于有一天爆发了真正的革命，我的生活便具有了这种缺乏和谐和条理的面貌。（《恶心》）

思想是被现实的困境逼迫出来的，它不是空想联翩或向壁虚构，而是与活生生的现实的对话，还一定会作用于现实之中，起到影响甚至改变现实的作用。一旦思想持久缺席，现实生活便变得空洞而毫无意义。

人生最好的状态

自我感觉有一种力量，足以用一只手拧歪路灯。同样，处在这种精神健康的状态，就感到自己雄姿英发，一切都可以试一试，这才真是其乐无穷。完全像口袋里揣着二十块钱的孩子，从一个橱窗到另一个橱窗，不急于购买，笃定而安静，陶醉在稳操胜券的幸福中。（《萨特文集》）

人生最好的状态，是坚持自己认定的想法，并笃信能凭借自己的力量和才华为自己谋取幸福，因而不会无端炫耀，也不会轻言放弃，只尽享竭尽全力的酣畅淋漓。

思想决定存在

我的思想就是我，因此我才停不下来。我存在因为我思想，而我无法使自己不去想。就在此刻——多么可怕——如果说我存在，那是因为我害怕存在。是我，是我将自己从我向往的虚无中拉出来。仇恨和对存在的厌恶都使我存在，使我陷入存在。思想在我脑后产生，像眩晕，我感觉思想在我脑后诞生……如果我让步，它就来到前面，来到我两眼之间，而我一直在让步，它在长大，长大，变得奇大无比，将我填得满满的，使我的生存继续下去。（《恶心》）

一个人把时间花在哪里，他就会成为什么样的人。而这“把时间花在哪里”的行动选择，取决于你内在的思想。

思想决定一个人的存在方式。

思想需要被正确理解

一个思想的最活跃、最深刻的部分，同时既是能带来最多好处的那一部分，又是能带来最多害处的那一部分，如果它没有得到正确理解的话。（《七十自画像》）

“思想自由不仅要求解除种种禁锢，而且要求不同思想并存。”（美国·艾伦·布鲁姆《走向封闭的美国精神》）而不同思想并存的前提，是相互理解和彼此尊重。

后天下之乐而乐

信仰自由的人，思想境界很高，但只有在为他人重建自由之后，只有他的行为导致现存秩序的消亡和恢复原来应有的状况之后，他自己才有处境自由。（《萨特谈“萨特戏剧”》）

真正追求自由的人，往往甘愿忍受禁锢，以求让更多的人获得自由。如果每一个人都能从“先天下之忧而忧，后天下之乐而乐”（北宋·范仲淹《岳阳楼记》）的思想出发，关注生活，关心他人，那么我们的世界就会大不一样。

现实不美

现实的东西绝不是美的。美是一种只适于意象的东西的价值，而且这种价值在其基本结构上又是指对世界的否定。这也就是为什么将道德的东西同审美的东西混淆在一起是愚蠢的。善的价值假设了是存在于世界之中的，这些价值涉及对现实的东西的作用，而且从一开始就接受了现存的那种模糊性。如果说我们对生活“采取”了审美观照的态度。但是，在这样一些情形下，我们中的每一个人却又都可以自己感到在同所观照的对象的关系上有一种倒退；这一对象在不知不觉中归入虚无，因而从这时开始，它也就不再是被知觉的了，它在功能上也就成为其自身的近似物，亦即是它通过其实际的呈现，对我们所表现出来的一种非现实的意象。（《想象心理学》）

柏拉图哲学的核心范畴是“善”，即“好”；而苏格拉底也总是热衷讨论一个问题：什么是好的生活？事实上，“好”有两个层次：一是快乐，即幸福；二是正当，即道德。但可惜现实不美，需要我们努力赋予它美好，如此，我们的生活才会更有意义。

让理性先行

要学会认识不带温情的力量的结合。这很困难，因为一切友谊，即使身心健康的男人之间的友谊，也不免有动情的时刻，我安慰受到打击的朋友，我会动之以情；这种情感很容易变弱，从而变性。然而，尽管您一味愤世嫉俗，您是否想过踏遍图卢兹寻找一个女人，一个对您有用又不会使您动情的女人，会是美好的奇遇吗？不要管相貌和社会地位。正直地寻找。（《萨特文集》）

人都是感情动物，很容易受外表、权势、金钱的诱惑而迷失自我。如果你真的想成为精神上、思想上的巨人，就应该学会让理性先行，多一些思考，少一些感情冲动。

骄傲的资本

我猜想，在多数情况下，妨碍人们骄傲的是贫困和压迫。应该说，所有的人都有一种骄傲的倾向。骄傲是同思想、活动这个事实有关。它展示了人的实在，它被人实现活动的意识所伴随，这活动使人愉快、使人骄傲。我认为在每一个人身上都应该找到这种骄傲。（《存在与虚无》）

在起风的日子，风筝飞得很高，高过云朵，高过小鸟。可是谁让风筝飞得这么高的呢？如若没有风的托举，风筝是否依旧能够成全自己呢？

每个人心中都有或多或少的小骄傲，我们可以把骄傲表现出来，但骄傲的理由绝对不能是金钱、权势等外在的东西。因为这些东西之于骄傲，就像风之于风筝，随时都可能会消失。只有勤奋思考、踏实付出之后的成就感，才是骄傲最坚实的依靠。

精神贫乏者亦是穷人

世上有两种穷人，一种是和大家穷在一起，另一种是自己穷自己的。第一种是真正的穷人，另一种是不走运的富人。（《魔鬼与上帝》）

人的生活在多大程度上不需要为物质发愁，人就在多大程度上是自由的。穷人不是完全自由的，而那些精神贫瘠的富人则更加不自由，因为他们空虚的生活只能依赖无尽的物质来填满。

思想需要动起来

思想的古典派，就是一种复读的类型。没有永无止境的渴求，没有不断探求其他事物的欲望，固步自封，读一页书就足够。一件事情到了他那里就成为用之不竭、精确无误的主题。他们面对任何一个必要而固定的客体，都有点想入非非，以致这客体不时穿透梦幻闪闪发亮，就像太阳穿过云层。有了对幻想的求证和提升，突然之间云散天开，重读一行诗，觉察这诗句简直是坚实而永恒的生灵，便叹为观止，如此等等。对风景也如此。看得少读得少想得少，总是回到相同的风景，相同的书籍，相同的思想，并无限期地围着它团团转。（《萨特文集》）

固步自封，会让思想陷入重复的漩涡，寸步难行，生活也就随之变得索然无味了。

平庸者源于平庸的思想

一开始自由和平等在这儿，在个人的过程中，在一个人的发展中，平等最后应该还在这儿。但人又是一个服从等级系统的存在物，作为一个分等级的存在物，他可能变得愚蠢起来，或者他开始喜欢等级制度而宁肯不要他深层的实在。在这个水平上，在等级的水平上，他也许应该得到“平庸”这样一个轻蔑的形容词。（《存在与虚无》）

世俗的思想造就平庸的人生，向上的思想打造精彩的生活。

思想使我们脱颖而出

这是事实：一个人存在着，他是一个已诞生而注定要死的生物，但在生死之间，他活动着并通过他的活动和思想（思想也是一种活动）以及通过他的感觉（这是通往活动世界的通道）让自己从世界的其余部分中分离出来。（《存在与虚无》）

思想，是一种看不见，摸不着，却分明能够感受得到的“气场”。它能使我们从忙碌和平庸中脱颖而出，收获优雅和从容。

思想是一种先觉的理性

我认为一个男人本来具有一种感受性，随着年龄的增长，这种感受变得越来越抽象、综合和有较多疑惑，于是它就转变为一个男人的理性，一种对体验性难题有影响的理解力。（《辩证理性批判》）

在分析事物、做出选择的时候，感性所占的比例越来越少，理性所占的比例越来越多，是一个人成熟的重要标志。不论是男人还是女人。

思想的双重力量

那些追寻伟大的繁荣、担负着整理体系或用新的方法来征服还不大熟悉的领域的智者们使理论具有了实际功能，他们像使用工具那样来使用这些功能，以便从事摧毁和建设；这些人不应该称作哲学家。他们开发这个领域，对它进行清查，在上面建造几幢楼房，甚至会在其中作某些局部的改变，但他们仍然从那些伟大死者的活思想中吸取养料。这种思想得到前进中的群众的支持，构成了他们的文化环境和他们的未来。（《辩证理性批判》）

一切真正有价值的思想都来源于对现存世界的怀疑。它的本质，既是批判性的，又是创造性的；它具有摧毁和建设的双效力量。

不仅对社会，对于我们自己，也应当常常用怀疑的目光来反思当下，建造未来。

有思考就有进步

附在它们身上的那个小小的意义，不管是轻盈的快乐还是淡淡的哀愁，都是它们内在的，或者像一片热雾在它们周围颤动：这个意义就是颜色或者声音。谁能把苹果的绿色从它带酸味的快乐中区别出来呢？（《什么是文学》）

思想是纯粹的，由此产生的一切变化都是思考的必然结果。所以，抛弃一切功利心，专注于思考即可，人生的全部意义都会和思考的大脑紧紧相随。

从心所欲不逾矩

关于精神健康再加点小课程。精神健康，从外部来看，就是绝对摆脱各种社会约束。首先摆脱道德，假如您是道德的，您就是顺从社会；假如您是背德的，您就是反叛社会，但在社会决斗场上反叛，您必败无疑。因此，必须既不是道德的，又不是背德的，而要置身社会之上。（《萨特文集》）

孔子说，“七十而从心所欲不逾矩。”（《论语·为政》）随心所欲，自由自在地做自己想做的事情，却不会违背天地的规律和人世的规则，这是天人合一的大境界。可如果真到了七十岁才有这样的心态和认识，恐怕为时已晚。希望焦虑浮躁的现代人能静下心来修得这样的自觉意识和自由心态。

思想与行动

直到获得明证以前对自己的思想蓄而不发，而信念一旦确立，就得为它付出任何代价。（《纪德活着》）

不见诸行动的思想，只不过是空想；不受思想指导就盲目行动的人，只不过是行尸走肉，是没有灵魂的躯体而已。

行动是思想的镜子

人们有责任做自己想做的一切，想你觉得适合的一切，并且应当仅仅对你自己负责，而且要经常重新判断自己的思想，重新判断所有的人。（《不惑之年》）

当思想没有被付诸行动的时候，恐怕连我们自己也不清楚我们所思的真实内容。行动使我们看到自己的思想，并在一次又一次的实践中慢慢成长。

不去做，就永远也无法知道自己想得对不对。

在行动中思考

当我奔跑着追赶电车时，当我看表时，当我面对一幅肖像陷入沉思时，都没有“我”存在，有的只是对我要追赶的电车的意识，以及对意识的非位置性的意识。的确，我投身于对象的世界，正是这些对象构成了我的意识的统一，同时表现出各种价值、各种吸引和排斥的品质。但是我，我消失了，我被抹消了。（《自我的超越性：一种现象学描述初探》）

当人专心致志地做一件事情的时候，常常会忘了自己。思考也是一样。

思想是一种内在的生活

所有者的存在——如果是一幢带花园的房子——使整体具有人类的内在性，同时增高围墙使外界看不到自己的财产；我已经说过，他通过自己的生命本身，把某种统一传递给整体；他把自己的记忆放在抽屉里或桌子上；最后，记忆到处都在，就像他的实践和习俗的整体一样；一切都在他的外面，藏在墙的后面和一些房间里面，房里的每件家具都是一个回忆的物质化；这时，人们可以看到，内心生活绝不是其他任何东西，而是内在的生活，是根据家具之间惰性的和可变的关系来确定自己的思想。（《辩证理性批判》）

一个人生存在世，既有外在生活又有内在生活。而思想，是一种内在的、无形的心路历程，依托于生命的感悟、情感的体验，表现为理想的追求。

只能怪自己

一个人总是抱怨自身所处的时代，他就招我讨厌。讨论他的同时代人时，他写道：“我让他们偷走了我的灵魂。”我读了直乐。换了我，我会感到害臊，因为说到底没有人逼迫他这样做。（《萨特文集》）

没有人能逼我们做我们不愿意做的事情，除非我们不是真的想改变。只要下定决心，全力以赴，一切就会有所不同。

只有我们自己能决定自己的人生。

把目标降到“一厘米”

您不是实现您理想的主宰，于是您自卑，然后去寻找也许永远找不到的东西。抛弃理想吧，至少目前如此，定个能实现的理想，比如获得尽可能大的能量。这个有毅力定能达到的理想，将是一种力量和助力，而不是一种累赘或短处。驱除在月光下或在别处的一切美梦，要知道美梦令人愉快，但浪费时间。假如您致力于在自己身上发展激情的力量和力度，抑制种种顾忌和怜悯，那您就完全自由了。（《寄语海狸》）

不要把目标定得太大、太美。太大太美的目标只会成为遥不可及的美梦，让人沉醉，却又恐惧，站在起点上就觉得自己肯定到不了终点。

我们应该像世界撑杆跳高名将布勃卡一样，每次都把目标设定为“一厘米”，踏实、笃定地向前走，最后一定会实现当初那个遥不可及的梦。

别把时间浪费在别人身上

从大学城到今天，我的命运就是成为妒忌的对象。他们尤其爱议论，这是一种轻微的、不带武器的忌妒，我只是耳闻而已，它甚至谈不上是恶语中伤。比如说，每天早晨我吃完早饭，从他们的窗户底下走过，他们会说："瞧！萨特从咖啡馆回来了。是的，他见到了美人儿夏洛特。别人代他做了气象探测，"等等。说这种话与确认一项事实之间的差别，仅在于他们在其中添加了和善的谴责意图，而且，说到底，这本来就是确认事实，因为他们不能确定究竟应该谴责什么：是我有钱，有闲，并且幼稚到要在咖啡馆用早餐？每天早晨，他们隐约感到这样做很不合适，每天早晨他们在我经过时指出这一点。（《萨特文集》）

人们总是把大把的时间、宝贵的好奇心、强大的思考力耗费在别人身上，却不愿意用一半的时间和精力来思考自己。

你认识你自己吗?

我们每个人都通过在事物上铭刻使他着迷和迷路的他的噩运形象来度过自己的一生，因为他想通过这种形象来理解自己。（《辩证理性批判》）

人类认识自己的方式有两种：一种是审视他人，一种是审视自己。我们往往习惯于通过他人认识自己，而忽视了更真实的自我内心感受。所以，很少有人能真正地认识自己。

思想消除怯懦

一种怯懦行为：轻信任何假造的好消息、最微不足道最缺乏根据的乐观理由。可是您又能怎么做呢？使机器出了毛病的，是在您身外发生的一切。如果您需要自己做决定，这一切都会消失。（《寄语海狸》）

德国作家赫尔曼·黑塞说："对每个人而言，真正的职责只有一个：找到自我。"（《德米安》）看清了自己，找到了自己想要的，就能做到"不以物喜，不以己悲"（北宋·范仲淹《岳阳楼记》），豁达而坦然地面对未知的人生和繁杂的世界。

阿Q精神治标不治本

人们经常用自己身后将享大名的想法来包扎他的骄傲受到的创伤。（《什么是文学》）

曾国藩认为，“讨人嫌，离不得个‘骄’字”，“困心横虑，正是磨炼英雄之时” 。自我安慰的“阿Q精神”也许能带来暂时的舒心，但真正的成长还在于痛定思痛，从头再来。

静水流深

实际上，人们没有充分注意到，一件精神产品自然而然是暗示性的。……这是因为语言是省略。如果我想让我身旁的人注意一只马蜂已经飞进窗内，我不必长篇大论。“当心！”或者“瞧！”——一个词，一个手势就够了——他一看见马蜂，一切都明白了。（《什么是文学》）

我们很难期望一天到晚喧闹不休的人，能有怎样惊人的内涵；唯有近乎沉默的含蓄，才有与思想孪生的力量。它使人深邃，深邃的人更趋向成熟；它使人充实，充实的生命才会永远年轻；它能留给人想象，波澜不惊之下可能正隐藏有万千丘壑。

沉默的美学

滔滔不绝的词锋，布道师式的抽象、高妙、拟人化的风格，使日常生活的动作变得滞重，使它们带上史诗般的华美而又不胜这种华美的重负，终于像铅制的小狗一样直沉海底。（《福克纳的〈萨托里斯〉》）

法国思想家福柯说：“我们的文化很不幸地抛弃了许多东西，沉默即其中之一。”言语太多，就没时间去思考了，生活也会为言语所累。

思想离不开行动

我不为任何人思考，我甚至无意寻找字词。字词在我身上流动，或快或慢，我不使它固定，而是听之任之。在大多数情况下，我的思想模糊不清，因为它未被字词拴住。思想呈现出含混可笑的形式，沉没了，立即被我忘得一干二净。（《恶心》）

思想，如果不通过语言、文字或行动表达出来的话，就永远都是一团混沌不清的东西。整理或行动的过程迫使你不断想得更清楚。

真正的问题在言语之外

谈话是这样进行的，每个人都以为自己什么都说了，也以为别人什么都说了，而事实上，真正的问题是在被说出来的东西之外开始的。（《七十岁自画像》）

我们都过于相信世界和人心的透明，以为一切皆可被言说。事实上，一切可以说出来的问题，都不是真正的问题。真正的问题往往隐藏在言说之外，伏脉千里。

白日梦者的现实与想象

把自己想象成国王的病态睡梦者，则是不会实实在在地爬上王位的，甚至连专横暴政也行不通；或者说，他的所有愿望都是要落空的。渴望的满足绝不会不折不扣地得到，这显然因为有一道鸿沟使现实的东西与想象的东西区分开来。（《想象心理学》）

世界有两端，现实在一端，想象在另一端。不会做梦的人生，难免平庸了现实；耽于做梦的人生，难免荒废了梦想。

思想需要交换

客人们告辞走了，剩下我独自一人。我赶紧逃离这平庸的墓地，重新回到书本里的生活和疯狂之中。我只需打开一本书就可以发现那种令人不安的非人思想，它的华丽与黑暗都超出了我的理解能力；它从一个概念跳到另一个概念，速度之快令我在一页之中不得不一次又一次放手作罢；我被搞得晕头转向，只能任它逃之夭夭。（《词语》）

英国作家萧伯纳说："如果你有一个苹果，我有一个苹果，彼此交换，我们每个人仍只有一个苹果；如果你有一种思想，我有一种思想，彼此交换，我们每个人就有了两种思想。"思想难免会有冲突和碰撞，但只要有交流，就会有新看法和新进步，不论是和人，还是和书。

缺乏思想者容易被花言巧语蒙蔽

> 弗朗茨说："尤哈娜，我并不想要您，我不爱您。我是您的见证，我是所有人的见证。我要世世代代为您作证，我说：您很漂亮。"
>
> "死亡是死亡的镜子。我的伟大反映出您的美貌。"
>
> （《阿尔托纳的隐居者》）

弗朗茨夸赞尤哈娜的美是别有用心的，是为了进一步控制尤哈娜。尤哈娜为了满足自己的虚荣心，最终同弗朗茨站到了一起，二人各自为了自己的需要，不断编造能够满足对方的谎言。

现实生活中，很多人也会如他们一样，缺乏独立的思考和人格，陷入别人以花言巧语织就的谎言，乐不思蜀。

不耗力于微不足道的小事

我再没有一个十分清晰的综合性思想，形成一个单独的我，它消散在一大堆活动和微不足道的小事中。（《存在与虚无》）

一个专注于思想生活的人，物质上的需求往往是十分简单的，因为他有更重要、更有价值的事情要做。

做个善于倾听的人

丈夫上千遍讲述他年轻时发生的故事。在那种情况下妻子要学会保持欣赏的态度，微笑着，双眼不离饶舌的丈夫，好像第一次听到这些知心话，做出赏识丈夫的样子，小心地闭口不谈自己的隐情。（《寄语海狸》）

智慧的女人都懂得，一双善于倾听的耳朵，胜过十张能说会道的嘴巴。

丰富思想的最好办法

从理性的角度看，我和女人的关系是怎样的？我对她们谈我思考的事情，我往往遭到误解，同时我又被一种丰富了我的思想的感受性所理解。（《存在与虚无》）

要多和他人沟通自己的思想，不论对方是否能够理解和认同。因为他人评判的声音，是我们实现丰富思想、不断进步的最佳途径。

不是所有的结果都有原因

您多么为自己的逻辑性而自鸣得意呀。您口口声声逻辑辩驳，您的信充满严密的论据，加上一些“因而”、“所以”，念起来让人十分扫兴。把逻辑学抛掉吧！此法从来没有使人前进一步。尽可能避免自相矛盾，有个把矛盾也不要紧，无伤大雅。矛盾多的是！……逻辑是无能的知识分子谋生的手段。尽量用别的办法获得理念吧，可别用推理。您会发现，理念将油然而生。在您的思想中，若看出一幅形象，您顿感形象膨胀，犹如向您指出一个方向，几乎是水到渠成，只要阐述就行。但要找到理念，必须放弃逻辑，因为逻辑是一种远离真实的把戏。（《萨特文集》）

逻辑性可以帮助我们更好地表达思想，理清思路。但并不是世界上所有的事情都水到渠成，因果相关。

我们要有探寻因果逻辑的思想能力，也要有随遇而安的坦然心态。

第五章

行动的力量

人的一生，总是奔走在追求幸福和理想的道路上。有些人不急不慢，有些人行色匆匆，有些人东张西望、不知所措。

其实，人生就像做菜。不会做菜的人，往往是严格按照菜谱上的材料和配比来做；会做菜的人，则会在菜谱的基础上自由发挥，加入自己的理解和特色。对于人生而言，每个人的出身不同，来历不同，没有谁的人生经验可以成为别人的“教科书”，路还是要靠自己走。就像卡耐基说的：“发现你自己，你就是你。记住，地球上没有和你一样的人……在这个世界上，你是一种独特的存在。你只能以自己的方式歌唱，只能以自己的方式绘画。你是你的经验、你的环境、你的遗传造就的。不论好坏与否，你只能耕耘自己的小园地；不论好坏与否，你只能在生命的乐章中奏出自己的发音符。”

萨特这位智者也用自己不寻常的人生经历告诉我们，生活是行动的集合，你的行动决定你会成为怎样的人，过着什么样的生活。无所事事者，才会陷入无聊的忧伤。对于为人生目标而忙碌行动的人来说，他们的时间表里没有忧伤的闲暇。

生活就是行动的集合

当你生活时，什么事也不会发生。环境在变化，人们进进出出，如此而已。从来不会有开始。日子一天接着一天，无缘无故地。这是一种没有止境的、单调乏味的加法。时不时地你会作部小说，你说：我已经旅行三年了。我在布维尔已经住了三年了。但是这不会有结尾，你不可能一劳永逸地离开一个女人、一位朋友、一座城市。再说，一切都很相似。两星期以后，上海、莫斯科、阿尔及尔，都是一回事。有时——这种时候罕见——你检查自己的位置，发现你和一个女人粘上了，你被卷入一件不光彩的事，但这个念头转瞬即逝。一长串的日子又开始了，你又开始做加法：小时、天。星期一、星期二、星期三，四月、五月、六月，一九二四、一九二五、一九二六。（《恶心》）

生活就是不断地离开、抵达，只有行动，才能超越我们现有的境况，飞向未来。否则，生活对于我们，就只是毫无意义的数字变化了。

如何判断一个人的好与坏

一个人的一生，怎么能单凭一件事来断定呢？（《隔离审讯》）

“以小明大，见一叶落而知岁之将暮，睹瓶中之冰而知天下之寒。”（西汉·刘安《淮南子·说山训》）意思是说通过细微的迹象，可以看到整个形势的发展趋向。但是，自然界有普遍的规律，人生却有更多特殊的不同。判断一个人的善与恶，不能以一件事下结论，而要纵观他的一生。而这样判断的结果，往往是世上没有绝对的好人和坏人。

人生就是行动的集合

人总是死得太早——或者死得太晚。然而，结束了的一生在那儿摆着，像账单一样，已经记到头，得结账了。你的一生就是你的为人，除此之外，你什么都不是。（《隔离审讯》）

人生就是行动的集合。你的行动决定你会成为怎样的人，过着什么样的生活，死后会得到怎样的评价。

行动赋予生命以意义

如果你愿意赋予生命意义，它就有了意义。首先得行动，投入一个事业。等你后来思考时，大局已定，你已经介入了。（《恶心》）

高尔基说：“在生活中，没有任何东西比人的行动更重要、更宝贵的了。”人唯有通过行动才能介入世界，才能和他人发生联系，才能行使选择的权利，进而主宰自己的命运。

赋予生活新的意义

人是万物借以显示自己的手段; 由于我们存在于世界之上, 于是便产生了繁复的关系, 是我们使这一棵树与这一角天空发生关联; 多亏我们, 这棵灭寂了几千年的星, 这一弯新月和这条阴沉的河流得以在一个统一的风景中显示出来; 是我们的汽车和我们的飞机的速度把地球的庞大体积组织起来; 我们每有所举动, 世界便披示出一种新的面貌。(《什么是文学》)

人类是意识的主体, 正是由于人的意识, 万物才被赋予了各种各样的意义。同样, 我们也可以凭借自己的意识, 赋予平淡的生活和偶尔的挫折以积极向上的意义, 如此我们的人生定会迥然不同。

人不行动，就什么都不是

人只是他企图成为的那样，他只是在实现自己意图上方才存在，所以他除掉自己的行动总和外，什么都不是。（《存在主义是一种人道主义》）

面对接二连三的失败，我们不应该绝望。应该感到绝望的，是那些空有幻想，却从不行动的人。因为他们连失败的机会也没有，更别说成功的可能了。

来者犹可追

在某种意义上说，过去丰富了现在，它也被现在所改造。但这从来不是我的问题之所在。我没有很多空闲时间回顾过去的日子，尽管它们有其自身的价值，有其审美和情感。我没有很多时间那样做。（《存在与虚无》）

“往者不可谏，来者犹可追。”（《论语·微子》）过去的就让它过去吧，我们应该把全部的精力投入到创造美好的未来之中。

我的“过去”我决定

过去的意义紧密地依赖我现在的谋划。这丝毫不意味着我能随心所欲地改变我以前活动的意义……事实上，只有单独的我才能每时每刻决定过去的意义：不是在任何情况下讨论，磋商和评价以前这样或那样的事件的重要性时，而是在我谋划我的目的时，我拯救了过去的我，并且通过行动决定它的意义。谁来决定我十五岁时的神秘的危机“是过去了的”青春期的纯偶然事故，还是相反地，是未来转变的第一个征候呢？是我，根据我——在二十岁时，在三十岁时——是否决定改变而定。转变的谋划一下子就将我未曾重视的一种预感的价值赋予给少年时的危机。谁来决定在一次偷窃之后我被囚于监狱里的日子是有收益的还是可悲的呢？是我，根据我是不再偷窃还是变本加厉地去偷而决定。谁能决定一次旅行的教育价值？谁能决定一个爱情誓言的可靠性？谁能决定一种过去了的意图的纯洁性呢？等等。是我根据我用来照亮它们的目的来决定的。（《存在于虚无》）

事件在生命长河中的意义，像是一串串联的灯泡。我们今天的行动，不仅能够影响未来，还能改变我们关于昨天的定义。

行动可以塑造自己的未来

人不是一种苔藓或一种真菌，或一颗花椰菜，在把自己投向未来之前，什么都不存在。……人只是在企图成为什么时才取得存在。（《存在主义是一种人道主义》）

人不是任人摆布的物体，人是有思想、能独立行动的生命。任何人都不可能按既定的模式成长，而必须向着未来进行必要的自我选择和自我谋划。

以行动获得自由

人们不能用强制、迷惑或恳求的办法来跟自由打交道。要得到自由只有一个办法：首先承认它，然后信任它，最后要求它行动——一个以自己名义采取的行动，也就是凭着你带给它的那个信任采取的行动。（《为何写作》）

我们的每一次行动都面临着选择，相信自己，才能坦然而笃定地选择前进的道路，而人生的自由也就把握在了我们自己手中。

行动，才能获得自由；空想，终将一无所获。

名字不只是称号

说话就是行动：任何东西一旦被人叫出名字，它就不再是原来的东西，它失去了自己的无邪性质。(《什么是文学》)

给每个事物命名，意味着既创造这个事物，又占有这个事物。……要是没有这个幻觉，作家大概决不会写作了。（《文字生涯》）

名字虽然只是简单的称号，但背后蕴藏着一种价值观、一段记忆。如果名字被随意地更改了，之前坚守的原则、珍藏的记忆就可能随之失去。就像日本动漫大师宫崎骏的代表作《千与千寻》中的一句台词：“千万不要忘记自己的名字，名字一旦被夺走，就再也找不到回家的路了。”

匮乏源于人的欲求

事实上，匮乏一开始就是指这种情况：欲求，意愿，运用物体作为工具的必要性，有时使得需求成为无限制的，而所需要的物体在一个地区或地球上数量有限。因此，在我看来，匮乏是一种生存现象，一种人类现象，而最大的匮乏显然总是建立在社会压抑之上的。匮乏是其原因。我们在我们周围制造了一个匮乏的环境。（《萨特自述》）

自然界是无所谓匮乏或富足的，是人的欲求导致了资源的匮乏。

以行动超越匮乏

人即使在自己的对象化中也永远不能认出自己，人的特点仍然首先是对一种境况的超越，是他成功地使用他被造就成的样子而造就自己。我们是从人类的根源并首先是在需要中发现这种超越的。比如，它把作为群体的结构事实的马克萨斯群岛妇女的匮乏和作为婚姻制度的一妻多夫制联系起来。因为这种匮乏不是单纯的缺乏。在最赤裸裸的形式下，匮乏表达了社会中的一种境况，并且已经包含了一种要超越这种境况的努力；对最基本的行为的确定，必须根据制约它的存在的真实因素以及它企图产生的某种将要出现的客体。这就是我们所说的计划。（《辩证理性批判》）

面对匮乏的环境，改变心态，然后用行动去创造资源，改变匮乏的处境，是生存的必由之路。

行动，是我们改变环境的“利器”。

谋划的力量

人是通过谋划成为上帝的存在。（《存在与虚无》）

人通过选择来面向未来，通过规划和行动来改变世界。人的一生，就是由不断的选择和行动组成的。

懦弱不是一种性格，而是一种行动

懦夫并不是因为有一个懦弱的心，或者懦弱的肺，或者懦弱的大脑，而变得懦弱的；他并不是通过自己的生理机体而变成这样的；他所以如此，是因为他通过自己的行动成为一个懦夫的。世界上没有懦弱的气质这样东西。有的人的气质容易紧张；有的人贫血；有的人感情丰富。但是贫血的人并不因此而是个懦夫，因为使人成为懦夫的是放弃或者让步的行动；而气质并不是一种行动。一个人成为懦夫是根据他做的事情决定的。（《存在主义是一种人道主义》）

英雄不是天生的，懦夫也不是注定的。是生存的本能和生活的重重顾虑，使芸芸众生做出了不反抗的选择，习惯了逆来顺受。

其实，成为英雄还是懦夫，选择权就在我们每一个人的手里，一切都是我们自己决定。

自由地实现自我价值

每个人归根到底总是对别人所造就的自己负责，甚至除了承担这种责任外，不可能有其他作为，但我又认为一个人总能为别人所造就的自己做点什么，这就是我今天对自由所下的定义。自由是一种小小的行动：把完全受社会制约的生物变成部分摆脱他所受到的制约的人。（《萨特谈“萨特戏剧”》）

在英国小说家乔治·艾略特的作品《在弗洛斯河上的磨坊》中，主人公马奇·塔利维尔为了别人的幸福而放弃了自己的爱情；而在法国作家司汤达的小说《巴尔玛城修道院》中，主人公善西维利亚以牺牲别人的爱情来满足自己的私欲。尽管两位主人公身上表现出截然相反的道德选择，但事实上，她们的行为具有“同等价值”。因为这两个事例中压倒一切的目的，都是自由地实现“自我价值”。

天才来自行动

天才无非是一种借贷：要想称得上天才，必须吃得苦中苦，必须谦虚地、坚定地经受千锤百炼。这样下去，你就会听到有神圣的声音为你启示，而你只需挥笔直书。（《文字生涯》）

天才，除掉艺术作品中所表现的之外，是没有的。普鲁斯特的天才就表现在他的全部作品中；拉辛的天才就表现在他的一系列悲剧中，此外什么都没有。……一个人投入生活，给自己画了像，除了这个画像外，什么都没有。（《存在主义是一种人道主义》）

人只有在行动中才能证明自己的存在，实现理想中的自我。在现实生活中，许多郁郁不得志的人总是会为自己的无为找借口。然而，一个人要想成功，实现自己的理想，就必须行动，做出实实在在的成绩，才能证明自己的存在。即使是天才，也只有在行动中证明自己，才能让世人认可他的才华。

一切都由我们自己决定

事业从不下命令，事业从不发表意见，而是由我们来决定事业的需要。（《死无葬身之地》）

即使是在同一家公司、同一个岗位上工作的人，对于目前的工作、未来的事业规划也会有截然不同的看法。

我们的选择，我们的行动，我们的未来，都只有我们自己才能决定。所以，不论最终成败与否，我们怨不得别人，只能怪自己没有做到最好。

不同身份有不同的行为规则

侍者迈着灵活的脚步轻快地来到顾客旁，他过分殷勤地鞠躬，他的嗓音、眼神表现出对顾客的过分关心，他像走钢丝的演员那样以惊险的动作拖举着盘子，使盘子处于永远不稳定、不断被破坏、但又被他总是用手臂的轻巧运动重新建立起来的平衡中。他的工作似乎是一种游戏，一种表演和娱乐，他扮演的正是咖啡馆侍者。（《存在与虚无》）

每一种职业都有自己的一套礼仪，咖啡馆侍者的表演就是一套礼仪，目的是实现其身份；高级宾馆经理、学校老师等也有自己的“舞蹈”。

其实，不仅是在工作中，在日常生活中，我们每个人也都扮演着不同的角色，拥有不同的身份，都有自己的行为规则。你清楚自己的身份和行为规则吗？

知人知面也知心

别人能把握我们的情感的各个方面，但把握不住情感的力量，即情感的真诚程度。行为本身不能作为标准，除非人们已经证明这些行为不具表面的姿态，但这总不是很容易做到的。（《文字生涯》）

俗话说，“知人知面不知心。”如果每个人都愿意敞开心扉，坦诚相待，“知人知面也知心”的世界是否就会到来呢？

挑剔的好镜子

文化并不拯救什么，也不拯救任何人，他并不证实什么。可它是人的产物，人把自己投射到其中，又在其中认出自己，只有这面好挑剔的镜子向他反映出他的尊容。（《词语》）

人可以通过文化和他人来认识自己。孔子说：“益者三友，损者三友。友直，友谅，友多闻，益矣。友便辟，友善柔，友便佞，损矣。”（《论语》）益友直谅多闻，让你看到真实的、并不完美的自己；损友甜言蜜语，让你看到虚假的、无可挑剔的幻影。

不论是文化还是朋友，能像挑剔的好镜子一样，照出最真实的你，才值得拥有。

行动需要明确的信念

直到获得明证以前对自己的思想蓄而不发，而信念一旦确立，就得为它付出任何代价。（《纪德活着》）

我们在采取任何行动之前，都应该有明确的信念和指导思想，而不能像小孩那样闭上眼睛乱开枪，满足于听响声取乐。

“无心之过”和“故意为之”

一个行动原则上是具有意向性的。一位笨手笨脚的抽烟者不留神引爆了火药库,他不算采取了行动;相反地,当一个人受命炸开一处采石场,当他受命引燃了预定的爆炸时,他是采取行动了:他实际上知道他所做的事,或者可以说他有意识地实现了一项策划。(《存在与虚无》)

行动是带有明确的意向性的,是人基于某种特定目标而支使身体去做的一系列动作。如果人的动作不是有意识发生的,即使导致了某种消极的结果,也无须大加责罚,而应宽容对待。“无心之过”和“故意为之”还是有很大的区别的。

行动是责任和权利的结合

他一贯履行责任，全部责任，作为儿子、丈夫、父亲、领袖的责任。他也理直气壮地要求他的权利：作为孩子，要求受良好教育，要求家庭和睦，继承清白的名声和兴旺的家业；作为丈夫，要求受到照料和爱的关怀；作为父亲，要求受到尊敬；作为领袖，要求得到任劳任怨的服从。其实，权利始终只是责任的另一面。（《恶心》）

《论语》中记载了叶公和孔子讨论什么是“正直”的一段对话。叶公语孔子曰：“吾党有直躬者，其父攘羊，而子证之。”孔子曰：“吾党之直者，异于是，父为子隐，子为父隐，直在其中矣。”春秋时楚国叶地的地方长官叶公，与孔子探讨“正直”的话题，说：“我们这个地方，有个人很正直，他的父亲偷了人家的羊，他便告发了他的父亲。”然而，孔子听了却不以为然，说：“我们那个地方，对正直的认识不同。父亲犯了法，儿子替父亲隐瞒；儿子犯了法，父亲替儿子隐瞒，这才是正直。”显然，前者是从维护法的正义、维护他人权利的角度界定正直；而后者则是从维护父子伦理道德、承担为父为子责任的角度定义正直。

事实上，无论采取哪种做法，人对于行动的选择，都与自己承担的责任和可以行使的权利相关，是责任和权利之间相互较量和权衡的结果。

孩子的主体意识来自父母的爱

一个孩子必须有一种去生活的命令，父母双亲是发出这一命令的权威者。（《文字生涯》）

父母的爱对孩子的一生都有非常重要的影响。父母的爱使孩子相信，他的存在是有价值和意义的，他的选择是自由的，他的行动是能够被肯定的。因此，孩子的一生就会充满自信，拥有强烈的自主意识和健全的独立人格。

人由自己打造而成

人，不仅是他所设想的人，而且还只是他投入存在以后，自己所愿意变成的人。人，不外是由他自己造成的。这是存在主义的第一道德原理。（《存在主义是一种人道主义》）

当我们说人自己作选择时，我们的确指我们每一个人必须亲自作出选择；但是我们这样说也意味着，人在为自己作出选择时，也为所有的人作出选择。因为实际上，人为了把自己造成他愿意成为的那种人而可能采取的一切行动中，没有一个行动不是同时在创造一个他认为应当如此的人的形象。在这一形象或那一形象之间作出选择的同时，他也就肯定了所选择的形象的价值（《存在主义是一种人道主义》）

我们的生命是父母赋予的，但我们的人生是自己选择和创造的。只要足够努力，你就能成为你想成为的人。

你由你的生活来构成

人迟早是要死的。然而，生命即在此，已经结束，轮廓已经勾出。应该加以综合。（《隔离审讯》）

既然每个人最终都会死，那我们为什么还要活呢？会问出这个问题的人，必定没有活出精彩的人生。

梦想要在行动中实现

为了表示勇敢，应当付诸行动，否则就是梦想。我们无事可干，甚至弄口饭吃的本事都没有了，我们微不足道，于是我们胡思乱想，说什么我们懦弱之类的梦话。给我们活儿干，我们立即振作起来。（《痛心疾首》）

从小立志从军的拿破仑，总梦想带领法国的雄兵，席卷整个欧洲，建立一个前所未有的超级大帝国，并且让自己成为这个大帝国的皇帝。这个梦想遭到叔叔的嘲讽：“空想，你所说的一切全都是空想！想当法国皇帝？那是不可能的！依我看，你长大之后，还是去当一个小说家吧，反倒更容易实现你的皇帝梦。”

事实证明，拿破仑以一步一步的行动，终于实现了这个在当年看上去远在天边的梦想。

再宏伟的蓝图，如果不以行动落实，终究也只能停留在纸上。反之，如果懂得践行的力量，即使是看上去遥不可及的梦想，也终有实现的可能。

梦想不要太远大

我们只能把自己所有的依靠限制在自己的意志范围之内，或者在我们的行为行得通的许多可能性之内。(《存在主义是一种人道主义》)

就像投资理财要把风险控制在自己可以承受的范围之内一样，梦想也要设定在自己力所能及之处。太过远大的梦想，反而可能让人心生畏惧，寸步难行。

什么样的工作是好工作

过去你想对自己证明，你是能够干点事的；你选择了艰难的道路，就像一个人想建立与上帝同等的功勋。在你这样的年纪，往往是这样的。可是你没有成功。……一个人应当干自己力所能及的事。如果这种事是容易做的，那就再好也没有了。最好的工作不是要你付出最大代价的那一种，而是你能干得最好的那一种。（《脏手》）

一旦您完全独立于社会，就得从您身上铲除两大缺点：首先是忧伤，因为这是一种意志薄弱，感到自己强有力的人应当是快乐的。其次，只应当把您自己能达到的理想作为理想。（《寄语海狸》）

活着的所有问题，都来自欲望。这世界上美好的东西有太多太多，而并不是所有美好的东西都适合我们。归根结底，适合自己的才是最好的，不论是工作，还是朋友、恋人。

行动可以治疗忧伤

忧伤是意志在世上最能克服的东西。在您忧伤的夜晚，要是有人强迫您锯木头，您的忧伤五分钟就消失了。锯上一锯，精神爽快。挺直腰板，停止假惺惺的把戏，不要闲着。（《寄语海狸》）

无所事事者，才会陷入无聊的忧伤。那些总是忙碌的人，他们的时间表中没有给忧伤留位置。

自我陶醉也无妨

自我陶醉是某种自我欣赏、自我爱怜的方式，是人们要在自己做的事情中找到自己为自己想象的那个样子的一种方式，简单说，这是一种与自我发生的经常关系，而这里的自我不尽然是那个在说话、思想、做梦、行动的积极的自我，毋宁说是以那个积极的自我为基础制造出来的一个人物。在这个意义上，我不能说我完全排除自我陶醉心理了。我致力于取消这种心理，有一些时候我完全不存在这种心理。比如说现在这个时候，我们在谈论某些与我有关的事情，因此我本可以自我陶醉，但是实际上我想的是怎样尽可能好地回答你的问题，因此我没有自我陶醉。不过换一个时候，这种心理会回来的：从其他人看待我的方式可以产生自我陶醉心理，与我在一起的某个人说的一句话也可以引起我这种倾向。（《存在与虚无》）

世界上的万事万物都有积极和消极的两面性，关键在于把握恰当的度，自我陶醉也是一样。适当的自我陶醉，可以给我们行动的自信和坦然；过度的自我陶醉，就成了自负，会让我们离梦想越来越远。

乐观行动，坦然面对

> 一方面，我保留这样一种观念，即一个人的生命显示着它本身是一种失败；凡是他想要完成的，他无法实现。他甚至无法构想他所愿意构想的，或者去感觉他所愿意感觉的。这种观念通常引向绝对的悲观主义。……在另一方面，从1945年以来，我一直在反复思考，人们所采取的行动，如我刚对你说过的，它的一个基本特点是希望。而希望就意味着我不能采取一项行动而不设想我将使这项行动得到实现。……希望……它是我思想上最迫切的问题。（《存在主义是一种人道主义》）

行动可以克服绝望。在西方，法国哲学家笛卡尔有言："征服你自己，而不要征服世界。" 在东方，孔子的态度与此相类。孔子论道曰："道之将行也与，命也；道之将废也与，命也。"他并非不知自己的"仁"学不为时用，却坚持知其不可为而为之，但求"心安"。

我们的行动要取得成功，除了主观努力，还有很多外在的因素和力量，而这些外力不是我们所能控制的。我们所能做的就是不计成败地竭尽全力，以一种乐观积极的人生态度坦然面对一切可能的结果。

衰老和死亡都是必然

我清楚地想象着即将到来的老年和我未来的衰老，想象着我所爱的那些人的衰老与死亡，想这些事当然是不太愉快的，然而我从未想过我自己的死亡。我有时会向我的朋友们暗示——他们中有些人比我小十五、二十或三十岁——倘若我活得比他们长，我将感到非常抱歉。他们便取笑我，我也和他们一起大笑，但这是一件由不得我们的事，过去是这样，将来亦是如此。（《七十岁自画像》）

如果一件事情是必然发生的，也就没什么好畏惧的了。我们需要做的，就是在它到来之前，努力且认真地过好每一天。

工作与自我

他一直在紧张地工作着，看不出来他是借工作以力图寻找自我呢，还是借过度的劳作以忘却自我。（《威尼斯的流浪汉》）

工作是生活的一部分，如果我们愿意将其视为自己的人生使命，固然可以从其中寻找到自我；假如不是，那就培养一种兴趣爱好吧，从业余生活中寻找自我。不管怎样，人总是需要找到自我，才能活得更快乐。

尽责任的乐趣

不论在过去或者未来都不是处在一个有价值照耀的光明世界里，都找不到任何为自己辩解或者推卸责任的办法。……从他被投进这个世界的那刻起，就要对自己的一切行为负责。（《存在主义是一种人道主义》）

梁启超说："人生须知负责任的苦处，才能知道尽责任的乐趣。"责任，不是一个沉重的单词，它还意味着有能力、被需要、在成长等无限的乐趣，一切都看你的心态和想法。

冷眼旁观

如果每个人都无动于衷，或甘心头脑半不清醒或容忍，那么集体犯罪必然存在。（《萨特谈“萨特戏剧”》）

在一个人需要帮助的时候，我们无法责备大众的“集体沉默”，因为我们也是其中的一员。而因此，终有一天，我们也可能成为“受害者”中的一员，而其他人也在我们身边冷眼旁观。

逃避不能解决问题

你们（螃蟹）不是选择了甲壳吗？好极了！那就不再赤身露体了！但为什么还留着你们的眼睛？（《阿尔托纳的隐居者》）

待在一个地方不动，把自己封闭起来，从来都不是最安全的方法，反而会将自己置于真正的危险之境。因为，你不知道危险在何方，而且无路可逃。

大音希声

沉默或许出自过分的谨慎，或许因为过于痛苦。它是每一天的品质，如同温暖和光明，不过是一种人性的品质。（《阿尔贝·加缪》）

人有两只眼睛、两只耳朵，却只有一张嘴，为的是要多看、多听，而少说。相比于喧嚣和夸夸其谈，适时的沉默是睿智的表现，正所谓大器晚成，大音希声。

比金钱更重要的东西

我没有把我拿到的钱都给出去，于是我就给自己买了点东西，不过我从来不想拥有属于我自己的房子或一个房间。说清这点之后，我不以为在我给钱的方式里有一星半点犯罪感的痕迹。我给钱是因为我有这个能力，因为我对之感兴趣的那些人需要钱用。（《寄语海狸》）

英国著名文学家亨利·菲尔丁说：“如果你把金钱当成上帝，它便会像魔鬼一样折磨你。”我们的生活离不开物质，但也不能过于贪恋钱财，因为这世界上有比钱财更重要的东西。

行动中的人永远年轻

只要有一个未来，一个人的年龄就是同样的。（《存在与虚无》）

人的一生，总是为了追寻生命中的光，而走在漫长的路上。行动不息，则生命不止。

不要原地不动

我打过了呵欠。我读了一会儿书报。我上床做了爱。这一切无不留下痕迹！我的每一个动作，无不在其自身之外，在未来的岁月里，引发出一种细小而固执的期待，这期待将发育成熟。这些期待便是我自己。（《存在与虚无》）

谁对未来不是既感到迷茫，又充满期待的呢？只要我们还在为成为期待中的自己努力，所有的迷茫就终会消散，所有的期待就终会实现。因为，只要行动，我们就会比原地不动更靠近目标。